LICHTWELT VERLAG
FALKENSTEIN

1. Auflage 2021

Lichtwelt Verlag JJK OG, Marktstrasse 69, A-2162 Falkenstein
E-Mail: office@lichtweltverlag.at
Telefon: +43 2554 880 95
Telefax: +43 1 253 30 33 1750

www.lichtweltverlag.at

Druck+Gesamtherstellung: Druckerei Janetschek GmbH, Heidenreichstein, Waldviertel. Gedruckt in Österreich auf dem FSC®-zertifizierten Papier Münken Print Cream, chlorfrei gebleicht, aus nachhaltig bewirtschafteten Wäldern und kontrollierten Quellen.

ISBN 978-3-9504920-0-2

FSC MIX Papier FSC® C001924

JAHN J KASSL

GELASSENHEIT IM STURM

Lausche dem Flüstern deiner Seele
und tauche ein in deine Vollkommenheit.

BABAJI

INHALT

EINLEITUNG VON BABAJI

Geliebter Jahn,

dieses Buch schreibst DU! Dieses Buch diktierst DU DIR selbst! Dieses Buch bist DU! Dieses Buch erreicht die Herzen der Menschen, denn es ist DEINEM Herzen entsprungen und in DIR gereift.

Während das Leben läuft, versäumen die Menschen es, während das Glück wartet, warten die Menschen darauf, und während die Liebe nach Erfüllung ruft, stellen sich die Menschen taub.

Dieses Buch handelt vom Leben, vom Glück und von der Liebe.

In einfachen, kurzen und tiefgründigen Kapiteln kann der Leser sich selbst ergründen:

Mensch, was bist du wirklich und was glaubst du, immer noch zu sein!? Am Ende, wenn du das irdische Kleid ablegst und dich die Engel in das Licht heben, ist es zu spät – du bereust und bedauerst.

Lass es niemals so weit kommen – vor allem jetzt nicht, da die Welt neu erschaffen und der Mensch neu geboren wird.

Du bist Teil des Wandels, Teil des Aufstiegs und Teil aller Ereignisse, die geschehen oder ausbleiben. Gestalte dein Leben, lebe es und sei glücklich! Bist du es nicht – dann werde es!

Das ist mein Auftrag an dich, geliebter Mensch! Deine Seele kennt ihn und dein Herz weiß es – jetzt ist es Zeit, dass du dir dieser Tatsache bewusst wirst.

Dieses Buch bringt dir dein Leben näher, navigiert dich gelassen durch den Sturm der Zeit und macht dir den Tod zum Freund. Du bist einmalig und ewig, unendliches unbegrenztes Bewusstsein, das eine irdische Erfahrung macht – immer wieder – bis du vollendet, angekommen und eins bist mit Gott.

Dieses Buch ist die Liebe eines Liebenden für die Menschen, die der Liebe so sehr bedürfen – der Liebe zu sich selbst.

Lausche dem Flüstern deiner Seele und tauche ein in deine Vollkommenheit.

Ich bin BABAJI,
DEIN Freund!

Vergiss Sicherheit!

Lebe, wo du fürchtest zu leben.

Zerstöre deinen Ruf!

Sei berüchtigt![1]

RUMI

LEBE DAS EIGENE LEBEN

WIE GEHT DAS?
AFFIRMATION
DU BIST DER WICHTIGSTE MENSCH
IN DEINEM LEBEN!
SEI BERÜCHTIGT ODER WERDE ES!

WIE GEHT DAS?

Wie geht das - das eigene Leben zu leben?
Viele Menschen haben die Neigung, es allen recht machen zu wollen. Dieselben Menschen legen meist viel Wert auf die Meinungen anderer. Das ist eine ängstliche Fehlprogrammierung, die du aufheben kannst.

Lebst du dein Leben? Bist du, wie du gerne sein möchtest? Sind deine Gedanken frei und deine Gefühle wahrhaftig? Oder musst du dich oft verstellen? Hältst du mit deiner Meinung, obwohl es in dir schon kocht, hinter dem Berg? Hast du Angst, das zu sagen, was du fühlst, das zu tun, was du wirklich möchtest? Schreckst du davor zurück, so zu leben, wie es dir deine innere Stimme und dein Gefühl sagen? Dann ist es Zeit, diese Ängste dem Lichte der Transformation zu übergeben und sie im Feuer der Wahrheit zu verbrennen.

Arbeite mit Affirmationen! Auf diese Weise werden innere Programmierungen, die aus deinen Vorleben stammen können, aufgehoben, unwirksam gemacht und gelöscht.

AFFIRMATION:

ICH LEBE MEIN LEBEN.
ICH BIN ERFOLGREICH,
ICH BIN LIEBENSWERT UND ICH BIN FREI.
ICH BIN DAS ICH BIN.

Wiederhole diese Affirmation den ganzen Tag über und dein Leben wird sich umstellen, da sich deine inneren Programmierungen auflösen:

Keine Angst zu haben vor nichts und niemandem, auf jede scheinbare Sicherheit verzichten zu können, deine Aufträge zu kennen und dein Leben zu leben – das ist das Ziel, dem sich ein jeder Mensch verschreibt, ehe er geboren wird.

Aufgrund der vorherrschenden Bedingungen auf der Erde und aufgrund des Karmas gilt es oftmals Hindernisse aus dem Weg zu räumen.

„Jeder Mensch kommt mit einem speziellen Schicksal auf diese Welt. Er hat etwas zu vollbringen, eine Nachricht zu vermitteln, eine Arbeit fertigzustellen."[2]
OSHO

DU BIST DER WICHTIGSTE MENSCH IN DEINEM LEBEN!

Sehr oft ist der Zugang zu dir selbst versperrt. Du merkst es daran, dass du dich viel lieber an anderen als an dir selbst orientierst. Genau das kannst du jetzt verändern.

Du bist der wichtigste Mensch in deinem Leben! Ist dir das bewusst? Traust du dir diese Aussage überhaupt zu?

Das heißt nicht, dass du deine Mitmenschen ignorieren oder schlecht behandeln sollst, ganz im Gegenteil, das heißt, deinen Platz zu kennen und unter den Menschen einnehmen zu können. Erst diese Sicherheit öffnet dich für die Liebe.

Geben kannst du nur mit vollen Händen.

Dein Leben zu leben, heißt, mit den Menschen und der Umwelt weise und liebevoll interagieren zu können. Unruhe und Unfrieden entstehen immer zuerst in dir – und solange du neben dir stehst, kannst du nicht mitten im Leben sein, um deinen einmaligen Beitrag auf der Erde zu leisten.

Fasse den Mut, dich selbst zum wichtigsten Menschen auf der Erde zu erklären. Lass dir vom Ego niemals einreden, dass das egoistisch sei. Während du deinen eigenen Wert erkennst und deinen spirituellen Aufträgen auf der Spur bist, hat dein Ego Pause. Das Flüstern deiner Seele offenbart dir deinen Pfad – und für dieses Flüstern musst du empfänglich sein.

Bringe nichts durcheinander, lass dich von niemandem ablenken, wenn du dabei bist, dich selbst zu erforschen und als Zentrum des Lebens zu erkennen:

Warum lebst du, was hat dich hierhergeführt?
Spürst du innerlich, worum es in deinem Leben geht?
Lässt du dich von deiner Seele leiten?

Auf fremde Meinungen und Ansichten verzichten kannst du erst, wenn du dich selbst kennst und wenn deine Anbindung an das Göttliche konstant ist.

SEI BERÜCHTIGT ODER WERDE ES!

Hast du einen guten Ruf, vernichte ihn – bist du berechenbar, dann werde berüchtigt.

Sich von jemandem einen guten Rat zu holen, ist Klugheit, vom guten Rat eines anderen abhängig zu sein, heißt, die Verantwortung abzugeben:

- Genieße deine Irrtümer, denn sie bringen dich der Wahrheit näher.
- Genieße dein Versagen, denn auf diese Weise näherst du dich dem Erfolg.
- Genieße dein Leben, denn es ist einmalig.

Du kannst auf zweierlei Arten leben:
1. indem du dich nach anderen richtest oder aber
2. indem du dich mit dir selbst verbindest.

Freiheit oder Unfreiheit wird niemals durch äußere Ereignisse bestimmt, sondern ist das Ergebnis deiner Wahrnehmung.

Das ist heute, da äußere Freiheiten immer mehr eingeschränkt werden, genauso gültig wie zu allen Zeiten.

Wer ist freier: Wer die Schönheit der Schöpfung feiert oder wer die Schönheit des Schöpfers erblickt?

Deine Aufträge haben dich hierhergeführt.

Du bist der Samen und die Frucht, du bist der Bauer und das Feld, du bist Mensch und Engel – kraft deines Geistes ist dir alles möglich.

Lebst du in diesem Bewusstsein, dann lebst du dein Leben. Bist du dieser Wahrheit noch fern, dann nähere dich ihr Tag für Tag ein Stückchen mehr. Die Verbindung zu dir selbst bringt dich ans Ziel.

Versuche nicht zu leben! Lebe!
Sei mutig! Versuche nicht, es zu werden!

Arbeit ist sichtbar gemachte Liebe. Und wenn ihr nicht mit Liebe, sondern nur mit Unlust arbeiten könnt, dann ist es besser, eure Arbeit zu verlassen und euch ans Tor des Tempels zu setzen, um Almosen zu erbitten von denen, die mit Freude arbeiten.[3]

KHALIL GIBRAN

ARBEITE MIT LIEBE – UND NICHT SO VIEL

ARBEIT ALS LIEBE
ARBEIT IM HAMSTERRAD
DU BIST KEINE MASCHINE!
ABER WIE GEHT GOTTVERTRAUEN?
DU BIST NIEMALS VERLASSEN!
DIE 6-STUNDEN-REGEL

ARBEIT ALS LIEBE

In einer Zeit, in der die Einen ihre Arbeit verlieren und die Anderen über ihre Arbeit klagen, ist es Zeit, über die Arbeit zu sprechen – über sinnerfüllte, in Liebe verrichtete Arbeit und nicht über die Arbeit, die euch das Überleben sichert, euch aber keine seelische Erfüllung bringt.

Wusstest du, dass die meisten Menschen am Sterbebett bereuen, dass sie zu viel gearbeitet haben? Sie bereuen, dass sie zu wenig Zeit für ihre Freunde, ihre Familie und für ihre Liebsten aufgewendet haben. Sie trauern, da sie sich selbst vernachlässigt haben und aus dem Hamsterrad der Arbeit nicht herausgefunden haben.

Betrachte zuerst bitte eines:
Liebst du, was du tust? Machst du durch deine Arbeit Liebe sichtbar? Gehst du voll in deiner Arbeit auf, ist deine Seele erfüllt und ist dein Herz voller Freude dabei? Ist das derart, dann arbeite weiter, denn du machst alles richtig.

Sobald die Liebe im Spiel ist, ist alles richtig – und die Zeit, die du dafür aufwendest, erfüllt dich.

Geht deine Seele in der Arbeit auf, dann beschäftigst du dich damit, womit du dich beschäftigen sollst. Ist es Liebe, dann ist alles gut!

ARBEIT IM HAMSTERRAD

Was aber, wenn du dich im einem Hamsterrad gefangen fühlst, wenn du dein Brot hart verdienen musst und es gerade zum Überleben reicht? Was, wenn du dabei keine Freude spürst und wenn du darin keinen Sinn erkennst – und was, wenn man dir sogar diese Art von Arbeit genommen hat?

Was, wenn die Sicherheiten wegbrechen, wenn die Corona-Maßnahmen oder andere Ereignisse über dich kommen – und du plötzlich vor dem Nichts stehst? Dann hast du keine Zeit mehr, dich nach einer Arbeit, die du liebst, umzublicken, sondern du musst nehmen, was kommt – wenn überhaupt etwas kommt. Oder?

„Wenn du ein Problem hast, versuche es zu lösen. Kannst du es nicht lösen, dann mache kein Problem daraus."[4] BUDDHA

Das heißt, sich auf etwas Höheres, auf eine höhere Führung einzulassen – womöglich auf Gott, den unbewegten Beweger alle Dinge, den du bisher gar nicht oder zu wenig wahrgenommen hast.

Frage dich bitte dies: Warst du mit der richtigen Arbeit beschäftigt? War es das, wofür du geboren wurdest?

Fühlst du dich mit dir selbst und mit deinen Aufträgen verbunden oder hat dich – ohne dass du es bemerkt hast – das Arbeitssystem ausgesaugt und ausgelaugt?

Heute stellt sich die Arbeitswelt völlig um. Das tat sie zu allen Zeiten und ist zunächst nichts Ungewöhnliches. Seltsam wird es erst dann, wenn der Mensch aus der gewohnten Bahn geworfen wird und im ersten Moment keine neuen Perspektiven hat.

So wirst womöglich auch du, der du jetzt verzweifelt nach Arbeit suchst oder darum ringst, dein Geschäft zu behalten, aus der Bahn geworfen. So wirst du aber auch auf neue Ideen gebracht!

Die Zeit, in der die Menschen gearbeitet haben, damit sie überleben konnten, ist vorüber!

Jetzt geht es darum, dass du dein Glück und deine Zufriedenheit auch bei der Arbeit findest.

DU BIST KEINE MASCHINE!

Du bist ein einmaliges göttliches Geschöpf und Gott hat mit dir Einmaliges vor! Warum glaubst du, eine Kopie von etwas oder jemandem zu sein, eine Kopie, die nur dementsprechende Arbeiten verrichten kann. Mechanisch, unkreativ und ideenlos zu sein, das ist kein Leben, das du als Mensch führen solltest, denn DU BIST KEINE MASCHINE!

Zweifle keine Sekunde an dir selbst und lass dich in der größten Not nicht so sehr auf deine Zukunftsängste, sondern vor allem auf Gott ein. Blicke nicht nur auf die Probleme, sondern erkenne die Lösungen – und Gott ist immer die Lösung und hat immer Lösungen!

„Ein gewisses Maß an Dunkelheit ist nötig, um die Sterne zu sehen.“[5] OSHO

Das ist die Prüfung, die es zu meistern gilt: Wenn du dich hingibst, ist es Gott, der für dich sorgt! Warum also sorgst du dich?

ABER WIE GEHT GOTTVERTRAUEN?

Indem du dein Gespräch mit Gott beginnst, beginnt eine neue Dynamik in deinem Leben zu greifen. Wunderbare Fügungen sind plötzlich an der Tagesordnung und es gibt keine Zufälle mehr - außer Ereignissen, die dir „zu-fallen", da sie durch dein Grundvertrauen in das Leben in dein Leben treten können.

Sich auf die unsichtbare Kraft Gottes, den Schöpfer, das Gesetz der Schöpfung oder wie immer du den GROSSEN EINEN nennen möchtest, einzulassen, das ist es, was jetzt bei vielen Menschen nottut und die Not lindert.

Wenn du deine Arbeit verloren hast, wirst du ein neues Betätigungsfeld finden. Bitte Gott darum, dass du exakt das findest, was deine Seele nährt und was deiner Blaupause zur Ehre gereicht.

Ich selbst habe oftmals meine Arbeit als Kellner (in dieser Branche herrscht meist eine hohe Fluktuation) verloren und 3-mal stand ist sprichwörtlich vor dem Nichts! Ich hatte gerade das Notwendigste. Lange Zeit musste ich mir sogar das Essen genau einteilen und es reichte nicht immer.

Einmal war es so dramatisch, dass ich mir bereits die Parkbank in Wien ausgesucht hatte, auf der ich in Zukunft schlafen würde. Es war einfach alles weg! Spannender Weise ging es immer weiter.

Die Hilfe kam von irgendwo und oft im letzten Moment – und es kam immer etwas Besseres nach, etwas, das mich meiner wahren Berufung immer näher und näher brachte.

Als ich mich schließlich Gott ganz ergeben hatte, die inneren Widerstände bewältigt und den Zweifel abgelegt hatte, fand ich, was ich insgeheim das ganze Leben lang gesucht hatte.

Du wirst geführt, wenn du deiner inneren Führung, durch die sich Gott bemerkbar macht, vertraust. Gehe einfach deinen Weg und sieh nicht, was andere tun:

„Geh einfach Gottes Pfad,
laß nichts sonst Führer sein,
so gehst du recht und grad,
und gingst du ganz allein."[6]
CHRISTIAN MORGENSTERN

DU BIST NIEMALS VERLASSEN!

Das Leben bietet oder erzeugt immer gute Gelegenheiten, um gewohnte Pfade aufgeben zu können. Manchmal ist es leicht und natürlich, dann wiederum ist es sehr fordernd und du wirst bis an den Rand der Belastbarkeit gebracht.

Auch aus wenig adäquaten Arbeitsprozessen auszusteigen, will eingeübt werden, und wenn du das selbst nicht schaffst, dann hilft dir das Schicksal – es helfen dir Menschen und es stehen dir die Schutzwesenheiten und deine geistige Familie bei.

Du bist niemals alleine! Schon gar nicht dann, wenn du dich ganz verlassen fühlst.

Das sind alles Momentaufnahmen deines Lebens, die dich dir selbst und deinen Aufträgen näherbringen sollen.

Was heute geschieht, ist ein wahres Wunder: Die Sehnsucht nach Liebe auf allen Ebenen setzt sich durch und so wird auch die Liebe zur Arbeit oder das Arbeiten aus Liebe den Alltag bestimmen.

DIE 6-STUNDEN-REGEL

Hast du dich und deine Arbeit gefunden, dann achte darauf, dass genug Zeit für deine Freundschaften und für deine Familie bleibt.

Von Yogis habe ich gehört: 6 Stunden zu schlafen, 6 Stunden spirituelle Übungen, 6 Stunden zu arbeiten und 6 Stunden Muße wären die richtigen Einteilung. Ich muss gestehen, diese strikte Abfolge ist auch für mich nicht praktikabel. Doch es ist ein wertvoller Orientierungspunkt, der zeigt, dass es im Leben auf weit mehr als auf Arbeit ankommt.

Du bist ein vollkommenes Wesen und es gibt so vieles, was du auf der Erde erfahren kannst. Greife ins Volle, nutze die Fülle und lebe dein ganzes Potenzial.

Lebe alles in Liebe und durch Liebe! Sei Liebe bei allem, was du tust, und du wirst am Ende des Lebens, dann, wenn dich die Engel rufen, nichts bereuen.

Arbeite weise, nicht hart!
Arbeite mit Freude, damit ziehst du Fülle an.
Arbeite aus Liebe, niemals um der Arbeit willen.
Arbeite mit Hingabe, das bringt den Erfolg.

Du bist das Instrument und es ist Gott, der darauf spielt. Lass dich von der Arbeit, die du lieben kannst, finden.

Aus Schein wird Sein und von dir bleibt nur der Name.

Man kann vieles unbewusst wissen, indem man es nur fühlt, aber nicht weiß.[7]

FJODOR M. DOSTOJEWSKI

HABE MUT, DEINE GEFÜHLE ZU ZEIGEN

WANN HAST DU GEWEINT?
WARUM DIE WELT IST, WIE SIE IST
DIE GEFÜHLE UND ICH
IHR KAMPF
WIE DEFINIERST DU STÄRKE UND WAS IST SCHWÄCHE?
ENERGETISCHER SCHUTZ
AUS ANGST WIRD LIEBE
RAUPE ODER SCHMETTERLING?

WANN HAST DU GEWEINT?

Wann hast du das letzte Mal geweint? Wann hast du von ganzem Herzen Tränen wie Sturzbäche vergossen? Kannst du dir einen Fehler eingestehen oder ist das für dich undenkbar? Neigst du zu harten Urteilen deinen Mitmenschen oder deinen Nächsten gegenüber oder kannst du gewähren lassen, vergeben und akzeptieren?

Was bewegt dich innerlich, was berührt dich im Herzen und kannst du deine Gefühle ausleben, sie zeigen und vor geliebten Menschen ausbreiten?

Von klein auf werden die meisten Menschen darauf trainiert, sich Gefühle abzugewöhnen: „Sei kein Feigling!", „Sei ein Mann!", „So große Kinder wie du weinen nicht!", „Indianer kennen keinen Schmerz!", „Was dich nicht umbringt, macht dich nur härter!" und „DICH verletzlich zu zeigen, bedeutet Schwäche!" Das sind gängige Glaubenssätze, die sich zeitlebens in uns verfestigen.

Ohne dass wir selbst es bemerken, werden wir unempfänglich für Gefühle – von anderen als auch von uns selbst.

Auf einer Welt, die zunehmend roboterisiert wird und in der Gefühle ein Zeichen von Schwäche sind, neigen viele Menschen dazu, eine dicke Mauer aufzuziehen, sodass sie nicht mehr verletzt werden können.
Das Tragische dabei ist nur, dass wir dann auch unempfänglich für das Lichte, Wahre und Schöne werden. Eine Mauer ist eine Mauer und in beide Richtungen undurchlässig.

Natürlich hat das Gründe, die verständlich sind.
So, wie wir sind, waren wir nicht richtig! Oft gab es Tadel und sogar Schläge für das, was wir als ganz junger Mensch fühlten oder sagten. Die vielen Verwundungen aus dieser Kindheit – aber auch aus den Inkarnationen davor – wollen jedoch gesehen werden und verlangen nach Heilung.

Gefühle zu zeigen und Tränen zu vergießen, sind Grundbedürfnisse eines Menschen.

Wer von seinen Gefühlen abgeschnitten ist, erlebt nicht nur selbst einen Mangel, sondern gibt diesen Mangel an die nächste Generation weiter.
Du vererbst nicht nur Gold und Silber, sondern auch Emotionen, Weltbilder und Glaubenssätze – deine ganze Geschichte.

Eltern und Lehrer haben die große Verantwortung, den Kindern nahezubringen, dass sie menschliche, beseelte und empfindsame Wesen sind. Eine gesunde Wahrnehmung der eigenen Gefühle ist gerade jetzt das Um und Auf für ein gelungenes Leben.

WARUM DIE WELT IST, WIE SIE IST

Weißt du, warum auf der Welt so viele Menschen eiskalt sind und warum Menschen in führenden Positionen von Staat, Wirtschaft und Kirche zu so viel Unmenschlichkeit fähig sind?

Ihnen fehlt der Zugang zu sich selbst, die Verbindung zu den eigenen Gefühlen. Weder spüren sie sich selbst noch den Nächsten – und so fühlen sich auch nicht, was sie uns antun.

Ihnen fehlt es an der Selbstwahrnehmung, sie haben keinen Zugang zu ihrem Herzen. Sie sind voller Muster, Meinungen und Glaubenssätze, voller emotionaler Verwundungen und mentaler Verblendungen, die sie hart und unempfänglich für Mitgefühl gemacht haben.

DIE GEFÜHLE UND ICH

Auch ich konnte jahrelang meine Gefühle nicht zeigen! Ich hielt das für Schwäche und so manche Beziehung und Freundschaft scheiterte an meiner Unfähigkeit, eigene oder andere Gefühle wahrzunehmen.

Die Programmierungen aus meiner Kindheit, die Verletzungen, die ich erlitten hatte, ließen mir keine andere Wahl. Ich baute einen emotionalen Schutzwall um mich herum auf und war weder für die Freude und Liebe noch für den Schmerz durchlässig. So nachvollziehbar das auch ist, so schädlich ist es, wenn man daran das ganze Leben lang nichts ändert. Willst du am Totenbett bereuen, dass du mit deinen Gefühlen hinter den Berg gehalten hast?

Ich wollte das nicht! Eines Tages fasste ich also den Entschluss, dies zu ändern. Ich begann meine Gefühle zu zeigen. Ich zeigte meinen Schmerz, wenn ich in einer Beziehung verletzt wurde, und ich legte keinen Wert mehr darauf, immer „cool" und ein „Macho" zu sein. Die Reaktionen waren verblüffend und wunderschön.

Meine damalige Freundin, das war Mitte der 90er Jahre, sagte einmal nach einem Streit zu mir:

„Ich finde es am schönsten, dass du dir selbst eingestehen kannst, dass du verletzt wurdest und dass du mir das auch zeigst!" Natürlich hat das unseren Streit sofort entschärft. Langsam wurde ich ein Mann mit Gefühlen, ein Mann, der auch in der Lage war, diese zu zeigen.

Ich habe mich demaskiert, ich habe gesehen, dass Gefühle zu zeigen weder dumm noch naiv ist. Mir wurde bewusst, dass ich dann stark bin, wenn ich meine Maske ablege und so bin, wie ich bin - ein Mensch mit Gefühlen.

Ab einem bestimmen Augenblick in deiner Entwicklung brauchst du keine Schutzmauern mehr.

Wenn du begreifst, dass das „Verletzt-Werden" und das „Verletzt-Sein" genauso zum Leben gehören, wie Glück und Freude, dann gibt es keinen Grund mehr, irgendetwas zu verstecken.

Wenn dir ein Mensch Leid zufügt, liegt es meist daran, dass er einen Kampf um das eigene Glück führt, und nicht daran, dass er dich ablehnt, weil du bist, wie du bist.

IHR KAMPF

„Geh weiter, du Arschloch!", rief mir einmal eine junge Frau, die ich zuvor noch nie gesehen hatte und danach niemals wieder sah, bei einem Spaziergang entgegen! Lag es an mir? Wohl kaum! Nahm ich es persönlich? Nein, warum auch? Sie kämpfte ihren Kampf und fühlte sich durch mich auf etwas hingewiesen, was sie bei sich selbst noch nicht wahrnehmen wollte oder konnte.

Womöglich bist auch du der Spiegel für einen Schatten, den jemand bei sich selbst noch nicht wahrhaben möchte?

Das Drama nimmt seinen Lauf und du bist mittendrin – es sei denn, du durchschaust das, bleibst entspannt und erkennst die richtigen Zuordnungen.

Gefühle zu zeigen, zu seinen Gefühlen zu stehen, heißt nicht, unverwundbar zu werden, sondern heißt, mit Verletzungen umgehen zu können.

Du hast immer die Wahl, Gefühle zu zeigen oder nicht zu zeigen! Frage dich nicht warum – sondern warum nicht.

WIE DEFINIERST DU STÄRKE UND WAS IST SCHWÄCHE?

Kannst du vertrauen, zuhören, akzeptieren, gewähren? Denn das ist Stärke – nur Misstrauen ist ein Zeichen von Schwäche. Sprichst du leise, wenn du was zu sagen hast oder schreist du, da dir die Argumente ausgehen? Willst du dich auf Biegen und Brechen durchsetzen oder kannst du zurückstecken, ohne dass du dich grämst? Kannst du mutig zugeben, dass du feige warst oder immer noch bist?

Du siehst auf welche Weise du Gefühle wahrnehmen kannst – und es ist allein deine Entscheidung, wie du damit umgehst und was du daraus ableitest.

Investierst du deine Gefühle oder bist du bereit, sie ohne Gegenleistung zu verschenken?

Bei Gefühlen gibt es, wie bei der Liebe, keinen Handel! Sie sind! Wahre Freiheit besteht darin, dass du ganz einfach tun und lassen kannst, was du willst. Diese Freiheit erlangst du, sobald du in deiner Gefühlswelt frei bist. Man sagt: „Die Gedanken sind frei!" Deine Gefühle sind es auch!

Wenn du innerlich nicht mehr blockiert bist, zirkulieren deine Energien frei: Du nimmst das Leben - wie es kommt - und du lässt dich auf das Leben ein.

ENERGETISCHER SCHUTZ

Energetischer Schutz erfüllt den Sinn, dass du dich ganz bewusst von Energien fernhältst, die du nicht in deinem Leben haben möchtest. Dieser Schutz ist jedoch für die Liebe, für Gefühle und auch für Schmerzen, wenn sie notwendig sind, durchlässig.

Energetischer Schutz ist keine unüberwindbare Mauer, sondern ist ein mit deinem Leben kommunizierender „Lichtmantel", der dir hilft, bei dir selbst zu bleiben, bei deinen Gefühlen und in deiner Mitte.

Verzweiflung ist nur dort, wo eine Seele nicht in ihrer Mitte ruht.

Zu fühlen, bedeutet genauso Freiheit, wie zu denken. Alles ist erlaubt, alles ist möglich! Was diese Freiheit begrenzen, einschränken und blockieren kann, sind Ängste.

Deshalb ist es so wichtig, sich diesen Ängsten zu stellen, sich mit der Enge, die du empfindest, wenn du Angst hast, auseinandersetzen - weichen unbegründete Ängste, dann ist alles erreicht.

Die Transformation von Ängsten verändert dein Leben. Einen Zugang zum Herzen zu haben, heißt, Ängste wahrzunehmen und zu bewältigen und einen Zugang zu den eigenen Gefühlen zu haben. Schließlich geht es also um dein Herz, denn es ging schon immer um dein Herz!

Transformationsarbeit heißt, den Schmerz der Seele zu heilen und mit der Zeit zu entdecken, wie du immer freier wirst - vor allem frei von Furcht und frei von Ängsten.

AUS ANGST WIRD LIEBE

Ich habe es selbst immer wieder erlebt, dass mit jedem erlösten Thema nicht nur die Angst schwindet, sondern die Freude - weiter zu tun - wächst. Alles, was du erlöst hast, befreit dich und sofort spürst du eine neue Lebensqualität. Deine Wahrnehmung wird feiner, genauer, umfassender und du wirst mitfühlend.

Mitgefühl ist jedem Menschen in die Wiege gelegt. Erst später wird einem das Mitgefühl aberzogen und Härte antrainiert.

Du kannst nicht DA mitfühlend und DORT hartherzig sein – oder DEN lieben und DIE nicht. Mitgefühl und Liebe sind Seinszustände, die genauso zur Grundausstattung eines Menschen gehören, wie die Fähigkeit zu atmen.
Mit dem Herzen siehst du das, weil man mit dem Herzen wirklich besser sieht.

Worum es geht, ist: Willst du eine Raupe bleiben oder ein Schmetterling werden?

Zu anstrengend!?

Dazu eine Weisheit aus China:

„Ein Schüler kam zum Meister. ‚Ach, Herr, stöhnte er, ‚um Euren Lehren zu folgen, ist so viel Veränderung nötig. Das ist mir eigentlich alles viel zu anstrengend. Ich glaube, ich werde das Studium hier beenden.'
Da schaute der Alte mit einem traurigen Blick auf seinen Schüler. ‚Kennst du die Geschichte von der Raupe?', fragt er. Der Schüler verneinte.

‚Es war einmal eine Raupe, die das Gefühl hatte, dass die Metamorphose zum Schmetterling zu anstrengend sei. Also beschloss sie, Raupe zu bleiben. Und während sie mühsam und langsam durchs Leben kroch, schaute sie immer mal wieder hinauf zu all den Schmetterlingen, die im Sommerwind von Blume zu Blume tanzten...', so erzählte der Meister die Geschichte. ‚Und nun überlege wohl, ob der scheinbar einfachere Weg auch tatsächlich der leichtere ist.'"[8]

RAUPE ODER SCHMETTERLING?

Den Panzer zu behalten oder abzulegen, cool zu bleiben, den Himmel nur vom Boden aus zu sehen oder Stärke zu zeigen und gefühlvoll zu werden, ***dichtzumachen oder aufzumachen – das ist die Frage. Der einzige Mensch, der das entscheiden kann, bist du!***

Lass dich einfach auf dich ein! Beobachte dich selbst! Du wirst sehen: Alles wird gut, alles wird vollkommener und du selbst fühlst dich nach jeder neuen Erkenntnis wohler.

Transformationsarbeit muss Freude bereiten, ansonsten machst du etwas falsch!

Es gibt keinen Stress dabei, es gibt nur den Fluss der göttlichen Liebe – und Zeit. Denn wie sagt es ein afrikanisches Sprichwort so schön:

„Das Gras wächst nicht schneller, wenn du daran ziehst."[9]

Leben für Leben gehst du dir selbst entgegen und du kommst Gott näher. Womöglich ist es diesmal Zeit für die Umarmung mit DIR und die Verschmelzung mit IHM/IHR.

Freundschaft ist die reinste
und höchste Form der Liebe.
Es ist eine Form der Liebe ohne
Bedingungen und Erwartungen,
bei der man das Geben
an sich genießt.[10]

OSHO

FINDE UND PFLEGE FREUNDSCHAFTEN

NIEMAND WIRD ALS EREMIT GEBOREN
VERABREDUNGEN EINZUHALTEN
NÄHE AUSZUHALTEN UND DIE FREUNDSCHAFT ZU GENIESSEN
HAST DU ÜBERHAUPT FREUNDE?
DIE MARKENZEICHEN VON WAHRER FREUNDSCHAFT
DIE NACHFRAGE NACH FREUNDEN WIRD GRÖSSER!
WENN DU MENSCHEN KENNST …

NIEMAND WIR ALS EREMIT GEBOREN

Es sind die wahren, echten und guten Verbindungen, die deinem Leben einen Wert und die deiner Seele eine Heimat geben. Es sind die Freundschaften, auf die es ankommt, damit du Kurs halten und dein Leben leben kannst.

Niemand wird als Eremit geboren! Ein jeder Mensch sehnt sich nach geistigem Austausch und nach seelischer Nähe. Je wahrhaftiger eine Verbindung ist, desto erfüllender sind die Begegnungen und umso größer ist das Verständnis füreinander. Liebe fließt dann, wenn die Menschen in Freundschaft verbunden sind.

Die Freundschaft ist das Flussbett, in dem die Liebe fließen kann, das bedeutet, sich ohne Vorwürfe, ohne Misstrauen, ohne Neid, ohne Eifersucht – und ohne das eigene Ego in den Vordergrund zu stellen – zu begegnen.

Jeder Mensch hat die Sehnsucht nach wahrer Freundschaft – und jeder Mensch kennt die Enttäuschung, wenn eine Freundschaft in die Brüche geht. Dies lässt uns vorsichtig werden und wir ziehen uns in unser Schneckenhaus zurück.

Enttäuschung ist oftmals der Grund, warum sich sehr viele Menschen nicht mehr auf neue Freundschaften einlassen können oder wollen. Das Flussbett trocknet aus. Dabei wurdest du nur „ent-täuscht", also von einer Täuschung befreit: Fasse also immer neuen Mut, um neuen Freunden zu begegnen und um bleibende Freundschaften zu entwickeln. Dies betrifft auch die Beziehungen zwischen Mann und Frau. Denn einer schönen und tragfähigen Beziehung zwischen Mann und Frau liegt ein tiefes inneres Seelenband zugrunde – das Band der Freundschaft.

VERABREDUNGEN EINZUHALTEN

Heute, in der Zeit, in der immer mehr Menschen nach ihrem Seelenplan suchen und ihre Blaupause erkennen wollen, geht es auch darum, die Verabredungen aus dem Sein zu erkennen.

Zu leben, heißt, seine Verabredungen einzuhalten!

Wir alle haben uns auf der Erde verabredet. Wir alle haben uns heute hier verabredet! Um diese Verabredungen geht es das ganze Leben lang.

Je empfänglicher wir werden – je feinfühliger und bewusster – desto klarer wird uns, dass jede Begegnung eine Bedeutung und einen Wert hat. Unter diesen vielen Begegnungen die echten Freundschaften zu finden, das ist unsere Aufgabe. Denn unsere Aufträge, die Gründe, die dich und mich auf die Erde geführt haben, können wir nur gemeinsam ausführen und nur mit unseren Freunden bewältigen. Deshalb ist es von immenser Bedeutung, dass die Seelenfamilien, denn diese repräsentieren meist die engsten Freunde, zusammenfinden.

Ist es dann so weit und wir haben uns gefunden – dann geht es darum, dass man diese Freundschaften pflegt. Auch Partnerschaften zwischen Mann und Frau sind, wenn sie wahrhaftig und gut sind, Freundschaften. Auch sie bedürfen dieser Pflege und das bedeutet: die liebende Aufmerksamkeit einem geliebten Menschen gegenüber immer aufrechtzuerhalten.

NÄHE AUSZUHALTEN UND DIE FREUNDSCHAFT ZU GENIESSEN

Sehr oft geschieht etwas Eigenartiges – Menschen verlieben sich oder sie spüren wahre Freundschaft – doch dann laufen sie davon.

Darauf gilt es hinzublicken! Wie oft hast du die Nähe sabotiert und wie oft bist du vor der Wahrhaftigkeit schon davongelaufen? Wie oft nahmst du Reißaus, wenn dir ein Freund oder eine Freundin deine Schatten – bewusst oder unbewusst – gespiegelt hatte? Denn das ist das größte Geschenk einer Freundschaft: Das Licht des Freundes zeigt dir deinen Schatten und umgekehrt!

In guten und echten Freundschaften geschieht das unentwegt – und es geschieht auf liebevolle Weise, sodass ein jeder damit umgehen und den größten Erkenntnisgewinn daraus ableiten kann.

„Der beste Spiegel ist das Auge eines guten Freundes!"[11], sagt ein gälisches Sprichwort. Ohne diese Spiegelungen verlieren wir die Orientierung und wir können uns kaum weiterentwickeln.

HAST DU ÜBERHAUPT FREUNDE?

Hast du wirklich gute Freunde und pflegst du deine Freundschaften? Wie viel Zeit und Aufmerksamkeit erhalten deine Freunde? Oder bist du zu sehr mit der Arbeit beschäftigt und mit Aufgaben, die dich von Freunden fernhalten?

Im Hamsterrad dieser Matrix spielen Freundschaften eine untergeordnete Rolle.

Das Prinzip „TEILE UND HERRSCHE“ funktioniert nur dort, wo Freundschaften gar nicht erst entstehen können oder zerstört werden. Sei dir bitte immer bewusst:

Freundschaften sind Verabredungen aus dem Sein, die eingehalten werden wollen und sollen. Es spielt keine Rolle, dass diese Matrix Freundschaften unterminiert, wichtig allein ist, was du willst!

Lange bevor du als Mensch diese irdische Bühne betrittst, triffst du Vereinbarungen. Dein Glück besteht darin, diese Vereinbarungen zu erfüllen. Menschen verabreden sich gemeinsam für ein Abenteuer in der Zeit. Niemand ist auf sich alleine gestellt oder von einem ungerechten Gott auf einer Erde, auf der „die Irdischen ein höllisches Leben führen“, wie es Johann Nestroy so trefflich ausdrückte, ausgesetzt worden.

Das bedeutet, immer wenn du eine Freundschaft nicht als solche erkennst, verfehlst du auch einen Teil deiner Aufträge.

Hast du deine Freunde gefunden, dann kannst du immer davon ausgehen, dass ihr gemeinsam auch etwas bewegen sollt und gemeinsame Aufträge zu erfüllen habt. Dein Leben auf der Bühne der Erde ist keine Einzelvorstellung, es ist ein Gemeinschaftsprojekt deiner GEISTIGEN FAMILIE – und auch wenn euch das kaum bewusst ist, ihr kennt einander seit Äonen und braucht euch in diesem Leben nur wiederzuerkennen.

„Gruppenaufträge" gewinnen heute eine immer größere Bedeutung. Dadurch wird die Einheit der Menschen erreicht. Harmonie entsteht, wenn du tust, was du tun sollst – mit den richtigen Menschen zur rechten Zeit.

DIE MARKENZEICHEN VON WAHRER FREUNDSCHAFT

Woran erkennst du, dass du es mit einer alten Freundschaft, die mit deinen Seelenaufträgen verbunden ist, zu tun hast? Fühlst du eine tiefe seelische Vertrautheit und fällt es dir leicht, einem Menschen alles zu verzeihen, dann bist du genau richtig. Das sind die Markenzeichen von Liebe und von wahrer Freundschaft.

Freunde und Ehepartner, die Freunde sind, haben die Ebene von Vorhaltungen und Vorwürfen längst verlassen und begegnen sich mit Verständnis. Wahre Freunde stellen nichts in Rechnung, tragen niemals nach und verzeihen immer – bedingungslos.

Meist findet man nur wenige Freunde für ein Leben. Und das ist gut so! Denn wahre Seelenfamilien und Freundschaften brauchen eine Größe, in der sich die Menschen untereinander wirklich innig austauschen und begegnen können. Deshalb wirst du kaum einen Menschen finden, der mehr als 6 Freunde in seiner engsten Umgebung und weitere 6 Freunde in seiner nächsten Umgebung hat: Es sind derer 12 – bei den meisten Menschen sind es weniger.

Warum? Mehr Freundschaften kann ein Mensch während eines Lebens nicht wirklich pflegen und mehr Freundschaften würden den Seelenauftrag des Einzelnen verwässern. Du würdest dich einfach verlieren – und das geschieht heute in großem Ausmaß. Ich kenne viele Menschen, die meinen, sie hätten viele Freunde.

Hier gilt es genau hinzublicken und wahre Freundschaft richtig zu definieren – als Verabredung von Mitgliedern deiner Seelenfamilie auf der Erde.

Dafür wird eine bestimmte Zeitqualität ausgewählt, um spezifische Aufgaben zu bewältigen.

Das ist wahre Freundschaft, alles andere sind Imitate, Kopien und Nachahmungen.

Menschen, die weder wissen, was sie überhaupt auf der Erde tun, noch, was der Sinn des Lebens sei, sind auch bei der Auswahl von Freundschaften ungenau und beliebig.

Meist sind es jüngere Seelen, deren Reise auf dieser Erde erst begonnen hat. Für diese Menschen ist die Enttäuschung ein treuer Lebensbegleiter.

MARIE VON EBNER-ESCHENBACH brachte es gut auf den Punkt: *„Es gibt wenig aufrichtige Freunde – die Nachfrage ist auch gering."*[12]

DIE NACHFRAGE NACH FREUNDEN WIRD GRÖSSER!

Und genau das ändert sich heute! Die Nachfrage nach wahren Freundschaften wird immer größer, das Bedürfnis, die richtigen Freunde zu finden, nimmt zu!

Das liegt daran, dass heute die Menschen auf seelischer Ebene für eine feinere Wahrnehmung geöffnet werden. Die Welt wandelt sich - das ist nicht zu übersehen - und die Menschen wandeln sich mit der Welt.

Die Schwingung auf der Erde macht den Unterschied!

Heute werden immer mehr Menschen durch das spirituelle Licht, das seit Jahrzehnten in einer immer höheren Frequenz zur Erde gelangt, in eine neue Wahrnehmung des Lebens gebracht! Vielleicht hast du von der ZENTRALEN SONNE noch nie etwas gehört. Das ist ganz einfach die SONNE ALLER SONNEN in unserem Universum. Es ist deren feinstoffliches Licht, das die Menschen jetzt im Herzen berührt und für eine neue Wahrnehmung empfänglich macht.

Dieser Vorgang ist für die meisten Menschen unsichtbar, doch immer mehr Menschen fühlen, dass sich in ihrem Inneren etwas verändert - und das wirkt sich auch auf unsere Freundschaften aus! Halbheiten, unechte Verbindungen und falsche Freunde passen ganz einfach nicht mehr in unser Leben.

Die Suche nach Wahrheit führt auch zur Suche nach wahrer Freundschaft. Die Nachfrage wird also immer größer!

WENN DU MENSCHEN KENNST …

- Wenn du Menschen um dich hast, denen du zutiefst vertraust und in deren Nähe du dich vollkommen fallen lassen kannst, dann sind das deine Freunde.
- Wenn du Menschen kennst, bei denen du so sein kannst, wie du bist, und die dich niemals verurteilen, dann sind das deine Freunde.
- Wenn du Menschen kennst, bei denen du gibst, ohne daran zu denken, etwas zurückzubekommen, dann ist es Freundschaft und Liebe.

„Freundschaft ist die reinste und höchste Form der Liebe. Es ist eine Form der Liebe ohne Bedingungen und Erwartungen, bei der man das Geben an sich genießt.“[10] OSHO

Wenn aus zwei Herzen eines wird, dann ist es das, was du suchst.

Wir sind auf der Erde miteinander verabredet und unsere Freundschaften sind die wertvollsten Reisebegleiter durch die Zeit.

Obwohl wir immer nur auf der Durchreise sind, sind es unsere Freunde, auf die es Leben für Leben ankommt! Sie sind der Spiegel, in dem wir uns selbst so sehen können, wie wir wirklich sind.

Du suchst nach FREUNDEN?
Werde selbst ein Freund – dann findest du SIE!

Die Blumen blühen, auch wenn
ein Blinder vorbeikommt.

JAHN J. KASSL

ERLAUBE DIR, GLÜCKLICH ZU SEIN

WAS DU BIST
DER WEG ZUM GLÜCK
NIEMAND IST WIE DU!
DIE KRÄFTE IN DIR ZU WECKEN
SEI AUSSERGEWÖHNLICH!
ERGREIFE EIGENINITIATIVE!

WAS DU BIST

Suchst du nach Glück – oder hast du es schon gefunden? Wartest du auf den großen Moment oder pflückst du dein Glück Tag für Tag neu? Kreisen deine Gedanken um Vergangenheit und Zukunft – oder lebst du im Jetzt? Weißt du, dass du außergewöhnlich bist und dass du Außergewöhnliches vollbringen kannst? Du bist keine Imitation von etwas – oder eine Kopie! Du bist keine Laune der Natur, sondern der Atem Gottes! Du bist einmalig und als einmaliger Mensch mit einmaligen Fähigkeiten ausgestattet! Im Begreifen dieser Wahrheit liegt Glück oder Unglück.

Reden wir zuerst vom Unglück. Unglück entsteht aus zwei Gründen:

1) weil du unzufrieden bist mit dem, was jetzt ist – oder
2) weil du teilnahmslos durchs Leben trottest und vor jeder Initiative zurückschreckst.

Du kannst alles besitzen und unglücklich sein – oder nichts haben und im Glück baden.

Wenn du dein Glück nicht sehen oder wahrnehmen kannst, hilft dir gar nichts.

Deine schöne Frau, die dich liebt, die gesunden und klugen Kinder, ein Job, der dir viel Geld und Anerkennung einbringt, Freunde, die dich wertschätzen, können dich unglücklich machen, wenn du dein Glück nicht sehen kannst.

Solange du kein Auge für das Glück hast, bist du vom Unglück umgeben. Das liegt aber weniger an der Umgebung als an dir. Die Blumen blühen, auch wenn ein Blinder vorbeikommt.

Dein unruhiger Verstand ersinnt gerne ungestillte Bedürfnisse, die dich vom Glück abhalten. So bleibst du unruhig und trachtest immer nach der Erfüllung von neuen Wünschen. Glück entsteht aber erst dann, wenn du mit dem, was ist, und mit dem, was du hast, in Frieden und im Glück bist. Solange du wie ein Hase der Karotte vor der Nase nachjagst, gibt es kein Glück.

Du kannst alles haben, was dein Herz begehrt und dein Verstand ersinnt, und bist dennoch unglücklich. Folgende Sufi-Geschichte illustriert, welche Medizin Abhilfe schaffen kann:

DER WEG ZUM GLÜCK

„Ein Weiser wanderte einmal durchs Land. Da sah er einen Mann am Wegrand sitzen. Er hatte sein Gesicht in seinen Händen verborgen und jammerte und seufzte. ‚Was bedrückt dich so', fragte der Weise, ‚kann ich dir helfen?'

‚Niemand kann mir helfen, Bruder', antwortete der Wanderer. ‚Nichts auf dieser Welt kann noch mein Interesse erwecken. Ich habe genug Geld, um nicht mehr arbeiten zu müssen. Daher habe ich mich auf die Reise gemacht, um etwas Besseres zu finden als das Leben, das ich bisher geführt habe. Aber vergebens – bis auf den heutigen Tag hat meine Suche nach Glück mir nichts Schönes oder Erfreuliches gebracht?'

Der Weise schüttelt wortlos den Kopf und überlegte einen kurzen Augenblick. Dann griff er beherzt nach dem Rucksack, den der Mann neben sich liegen hatte, und rannte, so schnell er konnte, in Windeseile davon. Da er sich in der Gegend gut auskannte, hatte er bald einen großen Vorsprung vor dem Reisenden erreicht. Hinter einer Wegbiegung stellte er den Rucksack wieder an den Straßenrand und versteckte sich hinter einem Busch. Nicht lange darauf schleppte sich der Wanderer den Weg entlang. Er ächzte vor sich hin, klagte und stöhnte.

Doch als er plötzlich seinen Rucksack am Wegesrand entdeckte, sprang er vor Freude hoch in die Luft und pries sein Geschick. ‚Es gibt viele Wege zum Glück', schmunzelte der Weise hinter seinem Busch."[13]

Das ist ein einfacher und effizienter Weg zum Glück. Manchmal vergessen wir einfach, was wir haben und wie viel Glück uns umgibt.

Je mehr wir unsere Aufmerksamkeit auf das richten, was wir haben, und nicht auf das, was uns fehlt, desto glücklicher sind wir.

Glück wird also indem erreicht, indem wir das, was schon existiert, schätzen und lieben.

Glück oder Unglück – es sind nicht die Ereignisse, die das bestimmen, es ist deine Wahrnehmung, auf die es ankommt.

Insofern hängt dein Glück immer auch davon ab, ob du einen Sinn im Leben sehen und ob du deine alltäglichen Beschäftigungen als sinnvoll erachten kannst. Bin ich mit meiner inneren Stimme – dem Gewissen, durch das sich Gott bemerkbar macht – verbunden?

Habe ich eine Orientierung im Leben, vertraue ich meinem inneren Kompass? Kann ich das Flüstern Gottes als innere Stimme und Führung wahrnehmen? Dann ist der Weg das Ziel – du bist glücklich, auch dann, wenn du manches womöglich nicht sofort erreichst. Was kümmert dich die Zukunft, wenn du jetzt glücklich bist.

Geht es um dein dauerhaftes Glück, dann ist es wichtig zu verstehen, wer du wirklich bist. Nach dieser Erkenntnis öffnet sich das Glück für dich. Alles beruhigt sich, die Suche endet.

Du hast nicht nur dein Glück, sondern dich selbst gefunden. Du bist ein einmaliger Ausdruck Gottes!

Doch warum leben so viele Menschen immer noch ein beliebiges Leben? Sie trotten dahin, sind ohne Initiative und warten nur auf das Sterben. Bestenfalls ahmen sie nach – wie Kopiermaschinen greifen sie fremde Ideen auf, anstatt etwas Eigenes und Einzigartiges zu erschaffen. Sie sind einfach nicht sie selbst!

NIEMAND IST WIE DU!

Wusstest du, dass dich Gott mit einmaligen Fähigkeiten ausgestattet hat? Niemand hat deine Talente, niemand kann tun, was du tun kannst. Niemand ist wie du.

Dennoch glauben die meisten Menschen diesem oder jenem Trend nachjagen zu müssen. Sie kleiden sich nicht nur mit „Nike", sondern sie werden zu „Nike", einer Marke, sie werden aber nicht sie selbst. Das ICH braucht fremden Schmuck, bis es aufhört zu existieren, und zum SELBST gibt es keine Verbindung mehr.

Wie weit entfernt muss da die Wahrnehmung von den eigenen Aufträgen sein? Anstatt selbst die Initiative für etwas Außergewöhnliches zu ergreifen, geben sie sich mit einer Nachahmung zufrieden und erreichen nie das Glück.

WILLST DU MEHR?

Führst du ein "1-PS-LEBEN" oder willst du mehr Energie auf die Straße deines Lebens bringen?

PARAMAHANSA YOGANANDA sagte: *„Mein Guru Swami Sri Yukteswar pflegte zu sagen: ‚Vergesst nie: Wenn ihr wahrhaft göttlichen Glauben besitzt und euch etwas wünscht, was es in diesem Universum nicht gibt, wird es für euch erschaffen werden.' Ich besaß jenen unerschütterlichen Glauben an meine innere Kraft, an die geistige Kraft meines Willens, und habe immer wieder festgestellt, dass sich neue Gelegenheiten boten, die mir das verschaffen, was ich anstrebte. Die in euch schlummernde Kraft der Initiative ist noch unentwickelt, ungestaltet, unerforscht, ungebraucht. Diese Kraft ist jeder Seele eingeboren, sie wurde jedem von euch verliehen, aber ihr habt noch keinen Gebrauch von ihr gemacht."*[14]

Willst du die in dir schlummernden Kräfte in dir wecken?

DIE KRÄFTE IN DIR ZU WECKEN

Setze dich ganz einfach mit dieser einfachen Frage auseinander: „Beschäftige ich mich mit Dingen, die meine innere Stimme bejaht? Umgebe ich mich mit Menschen, die mir guttun? Kann ich meine innere Stimme klar wahrnehmen und handle ich danach?"

Es ist ein bekanntes Geheimnis: Alles Glück liegt in dir selbst! Wenn du mit dir selbst verbunden bist, ist das Glück nicht fern – und es ist immer gut zu wissen, wo du nach dem Glück suchen sollst.

„Eines Tages wurde Nasruddin also gesehen, wie er draußen auf der Straße etwas suchte. Ein Nachbar kam und fragte ihn: ‚Meister, was suchst du?' Nasruddin antwortete: ‚Ich suche den Schlüssel zu meinem Haus.' Sie suchten nun gemeinsam eine ganze Weile in der glühenden Sonne die Straße ab, ohne den Schlüssel zu finden. Schließlich sagte der Nachbar: ‚Meister, versuch dich doch einmal daran zu erinnern, wo du den Schlüssel verloren hast.' Nasruddin sagte: ‚Drinnen im Haus.' ‚Aber warum suchst du denn jetzt hier draußen?' ‚Ja, mein Lieber, erstens ist das Schloss zugefallen und ich komme nicht hinein. Und zweitens ist es hier draußen viel heller und leichter, etwas zu suchen.'"[15]

Du suchst nach dem Glück am falschen Ort und womöglich hast du den Schlüssel für dein Inneres verloren? Durch spirituelle Übung, durch Bewusstseins- und Transformationsarbeit, durch Meditation, das Gebet und Achtsamkeit wirst du diesen Schlüssel finden.

Es ist nur eine Frage der Zeit, wann aus einem durchschnittlichen Menschen ein außergewöhnlicher Mensch wird.

SEI AUSSERGEWÖHNLICH!

Ein jeder Mensch ist außergewöhnlich! Durchschnittliche Menschen dürfte es auf dieser Erde gar nicht erst geben!

Jeder Mensch kann etwas erschaffen, was vor ihm noch keiner getan hat! Das ist die Grundintention einer Seele, sobald sie sich auf der Erde verkörpert. Und das Glück? Es stellt sich von selbst ein, sobald du darangehst, dein Leben zu leben. Viele schlafwandeln durch das Leben und sind weder wach noch träumen sie. Was kann Gott dir erfüllen, wenn du gar nicht bei Bewusstsein bist?

Diese Welt ist voller Schlafwandler. Willst du wirklich dazugehören?

Es gibt doch schon alles auf dieser Welt, was könnte ich AUSSERGEWÖHNLICHES dazu beitragen? Wenn du so denkst, dann hast du resigniert.

Initiativ zu werden, heißt, in sich hinein zu spüren und das Außergewöhnliche, deine Einmaligkeit sehen zu können.

ERGREIFE EIGENINITIATIVE!

Ergreife die Initiative! Experimentiere mit deinem Leben! Verbessere zunächst Dinge, die es schon gibt. Sei zuerst ein guter Nachahmer – am besten der Beste. Im zweiten Schritt vertraue dir und erschaffe Dinge, die es noch nicht gibt.

Womöglich stellt sich der Erfolg nicht sofort ein. Dann bleibe dabei, gib nicht auf, sondern lass dich von deiner inneren Stimme führen.

Durch deine innere Stimme offenbart sich dir Gott. Das ist der Schlüssel für dein Glück. Du bist ein Riese und hältst dich ein ganzes Leben lang für einen Zwerg! Bist du glücklich damit?

Gerade heute, da die ganze Welt im Umbruch ist, ist dein Aufwachen entscheidend. Entwickle dich in deine Aufträge hinein, werde von einem ***1-PS-*** zu einem ***10-PS-*** und schließlich zu einem ***100-PS-Menschen.***

Du hast mehr Talente in dieses Leben mitbekommen, als du glaubst und vor allem als du nutzt. Rüttle dich wach, indem du dir sagst: „Kraft meines göttlichen Bewusstseins aktiviere ich die höchste menschliche Fähigkeit – nämlich die Eigeninitiative!"

Widme den kleinen Dingen genauso viel Achtsamkeit wie den großen Dingen. Mache die Dinge wirklich gut, sodass du dich danach gut und glücklich fühlst. Mache das, was dir Glück verschafft, und erkenne das Glück, das du bereits hast.

Glück heißt, zu lieben, was du tust – und nicht nur zu tun, was du liebst.

Spiele deine Rolle in diesem Leben – sie ist einmalig, wie du einmalig bist, ob König oder Hofnarr, erkenne, dass es eine Rolle ist. Identifiziere dich nicht damit, doch spiele sie gut und lebe sie mit ganzer Hingabe. Wenn du dein Leben lebst, wird du immer von Gott Kraft und Orientierung erhalten!

Wenn du initiativ bist, stellst du dir die Frage nach dem Glück nicht mehr – du hast einfach keine Zeit dafür.

Werde dein Meister, lebe dein Leben und erlaube dir, glücklich zu sein. Damit kommst du schließlich auch der Erleuchtung, dem eigentlichen Ziel einer jeder Seele, näher:

„Nasruddin besuchte den Basar. Eine große Schar von Menschen folgte ihm. Egal, was er auch tat, die Menschenmenge machte es ihm sofort nach.

Ging er zum Beispiel ein paar Meter, hielt dann an, verbeugte sich und rief ‚OM OM OM', dann tat die Menschenmenge es ihm gleich. Ein befreundeter Händler fragte Nasruddin: ‚Was tust du da und warum machen es dir alle nach?'
‚Ich bin ein Sufi Guru geworden', antwortete Nasruddin, ‚und dies alles sind meine Anhänger. Ich führe sie zur Erleuchtung.'
‚Woran merkst Du, dass sie ihr Ziel erreicht haben?'
‚Das ist eine ganz simple Sache. Jeden Morgen zähle ich die Anhänger. Diejenigen, die gegangen sind, haben die Erleuchtung erlangt.'"[16]

Das Glück hängt von dir ab. Du bist verantwortlich für dich! Wer sollte es sonst sein? Gurus sind nur dafür gut, dass du sie eines Tages verlässt.

Denn ein wirklich guter Schüler schmiedet sein Glück selbst und ist selbst sein Meister.

Alles, was danach kommt, ist – GOTT.

Als ich mich wirklich selbst
zu lieben begann, habe ich mich
von allem befreit, was nicht
gesund für mich war, von Speisen,
Menschen, Dingen, Situationen
und von allem, das mich immer
wieder hinunterzog, weg von mir
selbst. Anfangs nannte ich das
Gesunden Egoismus, aber heute
weiß ich, das ist SELBSTLIEBE.[17]

CHARLIE CHAPLIN

HALTE ENERGIE-VAMPIRE FERN

DER EINZIGE KAMPF
WAS WILL JEMAND VON DIR?
SCHWAMM ODER SPIEGEL?
ERZENGEL MICHAEL
PFEIF AUF DAS, WAS ANDERE VON DIR DENKEN!

DER EINZIGE KAMPF,

den ein Menschen wirklich kämpft, ist der Kampf um Energie! Es gibt zwei Möglichkeiten, an Energie zu gelangen:

1. indem du in dir selbst die Quelle findest oder
2. indem du im außen, das heißt, bei deinen Mitmenschen nach Energie suchst.

Heute, da immer mehr Menschen von den Ereignissen der Zeit bis hin zum psychischen und physischen Zusammenbruch beansprucht werden, ist die Versorgung mit ausreichender Lebensenergie wichtiger denn je. Immer mehr Menschen werden von Sinnkrisen erfasst und immer weniger können kaschieren, dass ihnen zum Glück etwas fehlt. So begeben sie sich auf die Suche – und sie finden dich!

Der Energievampir beginnt mit seiner Arbeit: Menschen, die die Transformationsarbeit meiden, benötigen eine externe Energiequelle, damit sie ihr Leben irgendwie bewältigen. Dabei entwickeln diese Menschen einen unglaublichen Spürsinn dafür, wo und bei wem sie Energie erhalten oder anzapfen können.

Bestimmt hast du das schon erlebt, du hast mit jemandem ein an und für sich „nettes“ Gespräch geführt – und bist danach so ausgelaugt, als hättest du den ganzen Tag Steine getragen. Da gibt es nur eines:

Führe keine netten Gespräche mehr! „Small Talk“ führt zu nichts!

Ich erlebe das sehr oft am Spielplatz! Mein Sohn (10 Jahre) liebt Spielplätze, seine Freunde und die Natur. Natürlich sind da auch die Mamas und Papas, Eltern und Helikoptereltern nicht weit. Was machen sie? Sie reden miteinander und laden gegenseitig ab, was sie beschwert. Dagegen ist grundsätzlich nichts einzuwenden, wenn dies achtsam und reflektiert geschieht. Jedoch die meisten Menschen haben gar kein Bedürfnis, irgendetwas zu reflektieren. Hingegen laden sie gerne ihre Probleme und Dramen an den Nächstbesten ab.

WAS WILL JEMAND VON DIR?

Deshalb ist die erste und wichtigste Aufgabe zu erkennen: Was will dieser Mensch von mir? Will er mir seine Probleme überstülpen, ohne an sich selbst etwas zu ändern, oder sucht er Rat, um etwas ändern zu können?

Das ist die Basis, auf der entweder ein wertvoller Austausch oder aber ein nutzloses Gerede stattfindet.

Sei es dir selbst wert, dich nur dort länger aufzuhalten, wo es einen Sinn macht.

Entscheide selbst, was du für deine Freunde und Mitmenschen sein willst: ein Schwamm, der alles aufsaugt, oder aber ein Spiegel, in dem sich der Nächste selbst betrachten kann?

Viele Menschen wissen nicht, dass alle Antworten bereits vorhanden sind. Viele haben keine Ahnung davon, dass sich die Quelle der Energie in ihrem Inneren befindet. Viele suchen einfach an der falschen Stelle. Und du bist immer die falsche Stelle!

„Du fragst nach einer Rose – lauf vor den Dornen nicht davon. Du fragst nach dem Geliebten – lauf vor dir selbst nicht davon.“[18] RUMI

Und vor sich selbst läuft die halbe Menschheit davon – mindestens!

Ich habe für sich mir nähernde Energievampire eine sehr wirkungsvolle Methode entwickelt!

Ich zeige mich den Erwachsenen gegenüber, am Spielplatz beispielsweise, sehr verschlossen, nahezu unzugänglich. Das hat mir am Anfang manch böse Blicke eingebracht. Heute aber, 4 Jahre später, bin ich voll akzeptiert und die Menschen wissen, dass sie mit „Small Talk" bei mir an der falschen Adresse sind.

Bei sehr hartnäckigen Fällen bin ich ein wenig – manchmal sogar ein wenig mehr – unfreundlich. Das wirkt immer! Denn Menschen, die bei dir Energie stehlen wollen, haben meist ein sehr großes Ego und sind gerne schnell beleidigt. Das ist überhaupt ein sehr klares Merkmal von Energievampiren, sie beziehen alles auf sich, gehen immer von sich aus und schließen immer von sich selbst auf andere. Deren Drama ist auch dein Drama bzw. hat es zu sein! Die Vogelperspektive ist ihnen weitgehend fremd. Wäre es anders, wären sie keine Energievampire.

SCHWAMM ODER SPIEGEL?

Triff für dich also diese Grundsatzentscheidung, was willst du sein: Schwamm oder Spiegel? Danach ist alles einfach und es braucht nur noch etwas Übung und schon bist du der Meister deines Energiehaushaltes.

Dennoch kann es oft vorkommen, dass du dich grundlos wie erschlagen fühlst. Hierfür gibt es vor allem zwei Ursachen:

1. Du hast dich in einer Menschenmenge aufgehalten (Einkauf, Veranstaltung, etc.) oder
2. du wirst auf feinstofflicher Ebene energetisch belagert oder attackiert.

ERZENGEL MICHAEL

Für beide Situationen gibt es diese wirkungsvolle Affirmation:

ICH, (nenne hier deinen Namen),
BITTE DICH, ERZENGEL MICHAEL,
ALLE FREMDENERGIEN AN DIE ABSENDER
ZURÜCKZUFÜHREN ODER SIE ZU ZERSTÖREN.
ICH DANKE DIR DAFÜR!

Manche Menschen haben ein Problem mit dem Wort „zerstören“. Ein Erzengel macht so etwas nicht! Dann kennst du ERZENGEL MICHAEL schlecht. Denn es ist eine seiner Hauptaufgaben, Energie, die keine Berechtigung hat, aufzulösen, sie in das Licht zu führen, an den Adressaten zurückzusenden oder aber zu zerstören.

Böse Gedanken, Flüche oder Verwünschungen können aufgehoben, neutralisiert oder zerstört werden.

Damit etwas Neues wachsen und entstehen kann, muss manchmal etwas Altes zerstört werden. Manchmal gibt es ganz einfach keinen Adressaten mehr, an den Energie zurückgeführt werden kann. Solange du selbst die genauen Zuordnungen noch nicht kennst, bitte immer ERZENGEL MICHAEL darum. Du wirst staunen, wie wirkungsvoll das ist und wir rasch du von Fremdenergien befreit bist.

Bei mir stellt sich ERZENGEL MICHAEL meist mit einer angenehmen, kühlen Brise ein. Vor allem im Sommer ist das herrlich. Ich erlebte es vor rund 17 Jahren zum ersten Mal. Damals arbeitete ich noch als Ober in einem Wiener Caféhaus. Zu dieser Zeit stand ich mitten in sehr intensiven Transformationsprozessen und so wurde auch mein Arbeitsplatz energetisch gereinigt und angepasst. Eines Tages galt es einige alte Energien, die sich hartnäckig in den Mauern und vor allem im Barbereich, der kaum frequentiert wurde, hielten, zu entfernen. Ich sprach diese Affirmation und sofort änderte sich die Schwingung. Nach ungefähr einer Stunde fühlte ich, dass die Energie komplett ausgetauscht war.

Damals war das für mich in dieser Qualität einmalig und selbst meine Arbeitskollegen bemerkten, dass sich im Lokal etwas verändert hatte.

„Es ist irgendwie eine andere Energie hier, entspannter und friedlicher..." sagte mir, ohne dass ich ein Wort darüber verloren hatte, ein Kollege einige Zeit später. Auffallend war auch, dass sich gleich am nächsten Tag der Barbereich mit sehr vielen Gästen füllte und dass das von diesem Tag an so blieb. Am Abend war die Bar der Renner! Wir hatten also auch eine messbare Umsatzsteigerung. Bestimmte „Stammgäste", die wir ohnedies als vorwiegend problematisch erlebt hatten, sahen wir nach dieser energetischen Reinigung von ERZENGEL MICHAEL erfreulicherweise nie mehr wieder. Offensichtlich hatte sie die neue Schwingung ferngehalten. Ach und übrigens: Engel sind nicht nur „Zerstörer", sondern sie reden auch über Sex! Das tun sie so entspannt und natürlich, dass es dich überraschen würde. Aber das ist eine andere Geschichte.

Energievampire zeigen sich also auf unterschiedliche Weise und mit ihnen ist unterschiedlich umzugehen bzw. ist es am besten, ihnen gar nicht zu begegnen!

Hast du dich schon mal gefragt, warum berühmte Menschen oftmals sehr abweisend und unfreundlich sind? Das ist eine reine Schutzmaßnahme, um energetischen Übergriffen vorzubeugen – freilich, wer von allen immer geliebt werden möchte, der wird selten NEIN oder STOPP sagen: Schwamm oder Spiegel – Opfer zu sein oder selbstbestimmt zu handeln?

PFEIF AUF DAS, WAS ANDERE VON DIR DENKEN!

Vielleicht machst du dir zu viele Gedanken darüber, was die anderen von dir denken. Lege das einfach ab. Pfeif drauf! Es ist nämlich völlig gleichgültig, was jemand über dich denkt, solange du mit deinen Entscheidungen im Frieden bist. Orientiere dich niemals nach dem Umfeld! Sei frei und lebe frei! Die Corona-Lockdowns oder andere Seltsamkeiten dürfen daran nichts ändern. Das ist wahre Selbstliebe, alles andere ist Konformität:

„Als ich mich wirklich selbst zu lieben begann, habe ich mich von allem befreit, was nicht gesund für mich war, von Speisen, Menschen, Dingen,

Situationen und von allem, das mich immer wieder hinunterzog, weg von mir selbst. Anfangs nannte ich das Gesunden Egoismus, aber heute weiß ich, das ist SELBSTLIEBE."[17] CHARLIE CHAPLIN

Deshalb ist die Innenschau, ist Transformations- und Bewusstseinsarbeit so entscheidend. Du findest wirklich ALLES in dir.

RUMI: *„Ich versuchte, ihn zu finden am Kreuz der Christen, aber er war nicht dort. Ich ging zu den Tempeln der Hindus und zu den alten Pagoden, aber ich konnte nirgendwo eine Spur von ihm finden. Ich suchte ihn in den Bergen und Tälern, aber weder in der Höhe noch in der Tiefe sah ich mich imstande, ihn zu finden. Ich ging zur Kaaba in Mekka, aber dort war er auch nicht. Ich befragte die Gelehrten und Philosophen, aber er war jenseits ihres Verstehens. Ich prüfte mein Herz, und dort verweilte er, als ich ihn sah. Er ist nirgends sonst zu finden."*[19]

Zusammengefasst:

- Achte darauf, mit wem du was zu tun hast. Was will ein Mensch wirklich von dir?
- Achte darauf, in welcher Umgebung du dich wie lange aufhältst.

- Sag NEIN, sag HALT und STOPP! Wenn dir das schwerfällt, trainiere es zuerst bei weniger wichtigen Dingen. Spiele damit und übe so lange, bis du mit Leichtigkeit über dich selbst bestimmst. Ist es für dich ein Kinderspiel, NEIN zu sagen, dann ist die Lektion verinnerlicht. Nur wer die „Kleinigkeiten" meistert, ist bereit für Großes.
- Rufe ERZENGEL MICHAEL und erwarte das Unerwartete.

Lerne Energiemanipulationen zu beherrschen, anstatt mit dem Leiden Einzelner oder mit dem Schmerz der Welt unterzugehen.

Jetzt bist du gerüstet für diese Zeit, in der immer mehr Menschen die Orientierung verlieren und an ihren Einstellungen, Meinungen und Glaubenssätzen dennoch bis zuletzt festhalten. Dafür suchen sie Halt im außen. Womöglich auch bei dir?

Aber sind sie da an der richtigen Stelle?

Sokrates sagt:
„Erkenne dich selbst."
Jesus sagt: „Liebe dich selbst."
Alles beginnt bei dir selbst!
Du bist das Zentrum
und kein Vorort.

JAHN J. KASSL

LIEBE DICH SELBST

DAS ZIEL VERFEHLEN
SELBSTLIEBE KOMMT VOR DER NÄCHSTENLIEBE
JESUS UND BUDDHA
SELBSTLOSIGKEIT IST EINE SÜNDE
DU BIST WÜRDIG!
LIEBE KENNT KEINE PFLICHT
SELBSTLIEBE LÖST DAS EGO AUF
LIEBEN GEHT OHNE ANSTRENGUNG
EINE EINFACHE ÜBUNG

DAS ZIEL VERFEHLEN

„In einer Schule erzählte die Lehrerin ihren Schülern: ‚Wenigstens einmal in der Woche solltet ihr eine gute Tat vollbringen.' Darauf fragte einer der Jungen: ‚Geben Sie uns doch bitte ein Beispiel, was eine gute Tat ist. Wir wissen sonst nicht genau, was wir machen sollen.' Also erklärte sie: ‚Wenn beispielsweise eine blinde Frau die Straße überqueren möchte, solltet ihr helfen. Das ist eine gute Tat, das ist tugendhaft.'
Die Woche darauf fragte die Lehrerin: ‚Und, habt ihr an das gedacht, was ich euch gesagt habe?'
Drei Kinder hoben die Hand. Sie meinte: ‚Das ist nicht gut – fast die gesamte Klasse hat nichts gemacht. Aber es ist schön, dass wenigstens drei von euch eine gute Tat vollbracht haben.' Sie fragte den Ersten: ‚Und, was hast du gemacht?'
Er antwortete: ‚Genau das, was Sie gesagt haben: Ich habe einer blinden alten Frau über die Straße geholfen.'
Die Lehrerin meinte dazu: ‚Das ist wunderbar. Gott wird dich segnen.'
Dann fragte sie den Zweiten: ‚Und, was hast du gemacht?'
Er antwortete: ‚Dasselbe – ich habe einer blinden alten Frau über die Straße geholfen.'

Die Lehrerin wunderte sich ein wenig – wo finden sie nur so viele blinde alte Frauen? Doch es ist eine große Stadt; vielleicht haben sie tatsächlich zwei Frauen gefunden. Also fragte sie den Dritten – und er antwortete: ‚Ich habe dasselbe gemacht wie die beiden anderen – einer blinden Frau über die Straße geholfen.'
Da fragte die Lehrerin: ‚Wo habt ihr nur drei blinde alte Frauen gefunden?' Darauf antworteten die Jungen: ‚Es waren keine drei Frauen, es war nur eine einzige blinde alte Frau. Und es war so schwierig, ihr über die Straße zu helfen! Sie schlug auf uns ein und schrie und kreischte, weil sie nicht hinübergehen wollte, aber wir wollten einfach unsere gute Tat vollbringen. Die Leute standen um uns herum und schrien und an, aber wir haben zu ihnen gesagt: ‚Machen Sie sich keine Sorgen. Wir bringen sie auf die andere Straßenseite.' Aber sie wollte einfach nicht rüber!"[20]

Erkennst du das Dilemma? Schon von klein auf wird uns beigebracht, den anderen zu helfen, den Nächsten zu lieben, für ihn da zu sein. Eigenverantwortung oder Selbstliebe kommen dabei nicht vor. Dabei steht die Selbstliebe an erster Stelle. Denn wie willst du etwas geben, was du nicht hast.

SELBSTLIEBE KOMMT VOR DER NÄCHSTENLIEBE!

Bevor du lieben kannst, bevor du Liebe an den Nächsten weitergeben kannst, musst du dich selbst lieben. Du musst etwas haben, bevor du geben kannst.

Sobald die Liebe in dir überfließt, beginnst du sie zu verschenken. Dann denkst du nicht mehr ans Geben, du kannst einfach nicht anders – und diese Entwicklung gilt es abzuwarten.

Man sagt uns: *„Liebe deine Feinde!"*, und lässt dabei die Selbstliebe außer Acht. Die Religionen sind voll mit solchen unvollständigen Aussagen. Damit führen sie uns immer weiter von uns selbst, von der Selbstliebe, weg. Zuerst kommt dein Freund, dann die Nächsten und sogar der Feind kommt noch vor dir! Wo bleibst du und wie sollst du dir die Basis für deine wahre Größe erschaffen, wenn du immer von dir selbst ferngehalten wirst?

Die Kinder in dieser Geschichte haben genauso wenig verstanden, worum es geht, wie die Lehrerin es zu vermitteln vermochte. Wenn du innerlich leer bleibst, wie willst du dann anderen helfen?

Du merkst ja nicht einmal, was der andere wirklich benötigt oder was eine Oma will.

Genau das ist das Dilemma, wenn Menschen, die sich selbst noch nicht lieben oder noch keine akkurate Selbstwahrnehmung haben, anderen helfen wollen. Das geht immer schief. Was bleibt, sind Nachahmung, Pflicht und Gewohnheit – hohle Taten.

Die Kirchen sind spezialisiert darauf, den Menschen beizubringen, den Nächsten zu lieben. *„Geben ist seliger denn Nehmen!“*, wurde uns beigebracht.

Ich bin da ganz anderer Auffassung.

Erst wenn du selbst glücklich, in Frieden und über alle Maßen erfüllt bist, erst dann kann sich die Liebe aus deinem Herzen heraus ausbreiten. Dann bist du imstande, Liebe zu geben, sie zu verschenken.

Dann ist Hilfe kein Konzept mehr, sondern es ist dein Sein und du kannst gar nicht anders, als von dem vielen, was du hast, unentwegt weiter zu geben.

JESUS UND BUDDHA

JESUS brachte uns das nahe: *„Liebe deinen Nächsten, wie dich selbst!"*, und BUDDHA sagte: *„Liebe dich selbst, und beobachte!"* Darum geht es!

Alles beginnt in dir selbst, beginnt mit deiner Selbstachtung, der Selbstbeobachtung und deiner Selbstliebe.

Du bist vielleicht unglücklich. Willst du dein Unglück weitergeben und es als Liebe tarnen? Du bist vielleicht blind. Willst du dich als Sehender ausgeben? Du hast womöglich dein Leben verfehlt. Willst du deine Mitmenschen auf die richtige Spur bringen?

Die Welt ist voller Menschen, die für andere da sind, die sich karitativen Zwecken verschreiben, die die Umwelt retten und die Welt vor dem Untergang bewahren wollen. Sie selbst kommen dabei gar nicht vor! Selbstlos zu sein, wurde uns als Tugend verkauft. Wenn du aber losgelöst von deinem Selbst lebst, was bleibt dann von dir noch übrig? Bestenfalls bist du eine Kopie und lebst nach eigenen oder fremden Vorstellungen.

SELBSTLOSIGKEIT IST EINE SÜNDE

Altruismus ist eine Sünde, denn kein Mensch wird geboren, um sich aufzuopfern.

Aber genau das hat man dir eingeredet. Das Leben von JESUS, so wie es uns erzählt wurde, ist ein einziger Irrtum. Eine bewusst in die Welt gesetzte Fabel, um die Menschen auf die falsche Fährte zu lenken. Mit einem Opferlamm am Kreuz lässt sich eine Religion aufbauen und Angst erzeugen.

„Liebe deinen Nächsten wie dich selbst!" ***„Wie dich selbst"*** steht hier an erster Stelle! Es wurde uns aber suggeriert, dass wir selbst nicht wirklich wichtig sein sollen. Dabei ist es genau andersrum. JESUS sagt ganz klar: Liebe zuerst dich selbst - WIE DICH SELBST - und dann den nächsten. Denn ohne die Selbstliebe ist deine Liebe schal und nur ein inneres Programm, das jeder Computer abspielen kann.

In Japan werden Roboter als Krankenpfleger eingesetzt. Diese Entwicklung kommt auch zu uns. Es dauert nicht mehr lange und die Maschinen werden die Nächstenliebe übernehmen. Verstehst du, worauf es hinausläuft?

Der Mensch kann nur geben, was er hat. In diesem Sinne bin ich ganz dafür, dass du zuallererst richtig selbstsüchtig wirst.

Das ist Narzissmus, könntest du einwenden? Aber das Gegenteil passiert. Du wirst zu einem Liebenden. Wenn du immer nur gibst und dich aufopferst, ohne dass du selbst voller Liebe bist, wirst du sterben. Du wirst seelisch untergehen und körperlich eingehen. Schau dir die vielen Helfer in den Gesundheitsberufen an – die höchste Selbstmordrate wirst du unter Ärzten finden. Niemand muss dir sagen, dass du eine alte Frau über die Straße begleiten sollst – wenn sie es denn will! Der Liebende erkennt die Blinden, die Lahmen und die Tauben von selbst und er weiß genau, wer wieder sehen, gehen oder hören will.

Die Selbstliebe kommt an erster Stelle, daraus ergibt sich alles andere.

DU BIST WÜRDIG!

Doch man hat den Menschen Selbsthass beigebracht. *„Du bist ein Sünder und du bist unwürdig!“*, wurde uns immer in den Gottesdiensten vermittelt.

Dort affirmieren die Gläubigen während jeder Messe unter anderem dieses Grundgebet: *„Herr, ich bin nicht würdig, dass du eingehst unter mein Dach, aber sprich nur ein Wort, so wird meine Seele gesund."*[21]

So wurde uns beigebracht, dass wir unwürdig und irgendwie falsch sind. Etwas stimmt mit uns nicht, per Geburt sind wir betreuungsbedürftig und Gott ausgeliefert. Was, wenn Gott dieses erlösende Wort niemals sprechen würde? Wir hätten gar keine Chance, die Hölle wäre uns gewiss.

Wer der Kirche folgt und glaubt, der kommt in den Himmel – und alle anderen in die Hölle. Damit wurden Abhängigkeiten und Ängste erzeugt. Sich daraus zu befreien, dauert oft ein ganzes Leben, aber es ist die lohnendste Aufgabe, der man sich verschreiben kann. Am Ende winken immer die Freiheit und die Selbstliebe.

SOKRATES sagt: *„Erkenne dich selbst!"* JESUS sagt: *„Liebe dich selbst!"* Alles beginnt bei dir selbst. Du bist das Zentrum und kein Vorort.

Liebe beginnt in dir selbst. Von dort aus kann sie sich ausbreiten – ganz von selbst.

Ein Liebender braucht keine Aufforderung zu lieben. Nur ein Mensch, der die innere Verbindung zu sich selbst noch nicht gefunden hat, braucht die Erinnerung an die Nächstenliebe. Wie die Kinder in der Schule den Auftrag der Lehrerin nur missverstehen konnten, so missverstehen die Menschen das Wort JESU: *„Liebe deinen Nächsten **wie dich selbst**!"*

Solange du dich selbst in diesem Jesus-Wort nicht wahrnehmen und spüren kannst, hast du es nicht verstanden.

Priester und Kirchen wissen genau, worauf es ankommt, um die Schäfchen zu hüten – auf die Nächstenliebe. Denn mit zu viel Selbstliebe beginnst du dich von ihnen abzuwenden. Wer sich selbst wirklich liebt, folgt einer menschenfeindlichen Religion einfach nicht mehr. Deshalb steuert die Kirche dagegen und sie vergisst ganz bewusst darauf, dich an deine Göttlichkeit, dein Sein, dein Selbst, deine Selbstliebe, deine Unschuld und an deine Macht zu erinnern.

Wohltätigkeit wurde kreiert, damit sich die Menschen der Illusion von Liebe hingeben können und keine weiteren Fragen stellen. Es gibt Ausnahmen: Menschen, die jenseits dieser Programme leben und doch innerhalb agieren. Sie haben sich selbst und ihre Selbstliebe gefunden. Doch diese sind eine Seltenheit.

Natürlich will ich damit nicht sagen, dass ihr niemandem helfen sollt. Ganz im Gegenteil. Hilf aber zuerst dir selbst! Durchschaue dich selbst, lerne dich kennen und lieben, damit du die Welt kennenlernen und lieben kannst. Warte nicht am Straßenrand auf Omas, sondern erkenne deinen einmaligen Platz im Leben.

„Seht her, welche Wohltaten ich vollbringe! Seht her, ich bin etwas Besseres, ich bin spirituell, ich bin außergewöhnlich! Seht nur, wie ich den Menschen diene!“ Das rufen jene, die sich im Lichte ihrer Wohltaten sonnen. Lass dich darauf gar nicht ein. Denn so spricht jemand, der aus Pflichtgefühl und Fehlprogrammierungen heraus handelt – aber nicht aus Liebe. Erkennst du den Unterschied?

LIEBE KENNT KEINE PFLICHT

Ein Mensch, der sich selbst nicht liebt, liebt niemanden, er ist dazu gar nicht in der Lage! Deshalb ist es auch unnütz, aus der Liebe eine Pflicht, ein Ritual oder ein Muss zu machen.

Die Formalität von Liebe zerstört die Liebesfähigkeit des Menschen insgesamt.

„Liebe ist Pflicht!" Gibt es einen unpassenderen Satz? Kennst du eine Frau, die ihren ehelichen Pflichten gerne nachkommt und dabei vielleicht auch noch glücklich ist? Oder sag Kindern, dass sie ihre Eltern lieben sollen, auch wenn kaum Gründe dafür vorliegen? Beziehungen scheitern oft nur deshalb, da dort, wo Liebe sein soll, eine Pflicht erfunden wird. Mach es einfach so: Liebe deine Frau, liebe deine Kinder, alles andere ergibt sich von selbst.

Und dann gibt es noch die Hölle! Hörst du auf uns, sagt die Religion, dann kommst du in den Himmel, anderenfalls wartet die Hölle. Das macht dir eine Höllenangst – und die Angst ist das exakte Gegenteil von Liebe.

Deshalb ist die Selbstliebe so wichtig! Selbstliebe macht dich angstfrei und lässt deine Liebe überfließen. Dann ist dir jeder Mensch recht und niemand zu schade. Du hast so viel Liebe, dass du sie immer verschenken möchtest. Selbstliebe heißt, dass du dich respektierst, dich würdigst und dich achtest – und wer sich selbst achtet, achtet auch die Mitmenschen, würdigt andere Ansichten und respektiert andere Meinungen.

Die Selbstliebe ist der Grundstein zum Weltfrieden. Der Selbsthass führt zum Gegenteil.

Selbstliebe ist auch das Ass für diese Zeit! Die Corona-Restriktionen und Maßnahmen verlangen von uns täglich neue Entscheidungen. Liebst du dich, dann weißt du genau, was für dich gut und richtig ist. Gewisse „Segnungen des Systems", wie beispielsweise PCR-Testungen an Gesunden oder eine unsichere mRNA-Impfung kommen für dich gar nicht erst infrage.

Bist du unsicher, ist alles möglich – sicher stehst du aber erst, wenn du dich selbst wirklich liebst, wenn du es dir wert bist, geliebt zu sein und geliebt zu werden. Was du innerlich erreichst, kann dir im außen niemand streitig machen.

SELBSTLIEBE LÖST DAS EGO AUF

Selbstliebe ist kein Narzissmus – ganz im Gegenteil. Das Ego löst sich im Feuer der Selbstliebe auf.

Wer sich selbst liebt, kann ab einem bestimmen Punkt gar nicht anders, als den Nächsten auch zu lieben. Liebe kann nicht zurückgehalten werden.

Liebe breitet sich einfach aus. Lass einen Stein auf dem Wasser tanzen und du siehst, wie sich deine Liebe ausdehnt.

Dem Liebenden ist niemand zu Dank verpflichtet. Pflicht und Liebe sind auch hier ein Widerspruch. Ein Liebender freut sich, dass du seine Liebe angenommen hast, schließlich hat er so viel davon.

LIEBEN GEHT OHNE ANSTRENGUNG

Noch etwas ist bedeutsam: Liebe ist ohne Anstrengung! Liebe handelt mit Leichtigkeit, natürlich und mit Freude. Wer sich bei der Liebe anstrengen muss, der verfehlt sie, der liebt noch nicht. Du versuchst zu lieben und bist dennoch nicht fähig dazu. Warum? Da Liebe weder versucht noch befohlen werden kann. Liebe geschieht, ereignet sich einfach – nachdem du jede Anstrengung aufgegeben hast.

Reichtum, Anerkennung, Macht oder Gott – nach irgendetwas sucht ein jeder. In Wahrheit sucht ein jeder Mensch nach Liebe. Es gibt kein anderes inneres Motiv. Was dir die Menschen erzählen, sind vorgeschobene Gründe.

Das Einzige, was wir alle wirklich anstreben, ist Liebe. Uns dürstet nur danach!

Deshalb meditiere darüber und löse dich von den Vorstellungen und Pflichten, die mit der Liebe verbunden werden. Entwickle dich zu einem Liebenden, indem du dich zuerst selbst annimmst und liebst. Denn so, wie du mit dir selbst umgehst, wirst du mit deinen Mitmenschen umgehen, so, wie du dich selbst liebst, wirst du den Nächsten lieben.

EINE EINFACHE ÜBUNG:

Stelle dich vor den Spiegel! Blicke dir in die Augen und sage: ICH LIEBE MICH, SO, WIE ICH JETZT BIN!

Das ist eine einfache Übung, ist aber für manche eine große Herausforderung. Stelle dich ihr, nimm sie an und am Ende wirst du dir näher sein, als du es jemals warst.

Niemand muss dir sagen, dass du lieben sollst. Liebe und Glückseligkeit verbreiten sich von selbst. Ein Liebender kann nicht anders, als seine Liebe mit anderen zu teilen, als seine Glückseligkeit an andere zu verschenken. Diese Ebene gilt es zu erreichen. Es ist die Liebe, die dich mit der Existenz und mit Gott verbindet. Forsche auf diesem Gebiet! Es gibt nichts Schöneres, als sich selbst annehmen zu lernen und lieben zu können.

Liebe dich selbst, beobachte dich selbst und erkenne dich selbst – bis du am Ende die ganze Welt liebst, wie eine Mutter ihr einziges Kind.

Das Leben ist kein Problem,
das es zu lösen,
sondern eine Wirklichkeit,
die es zu erfahren gilt.[22]

BUDDHA

LEBE IN WACHSENDEN RINGEN

LEBE DEIN LEBEN
SEHNSUCHT NACH GOTT
WAS MÖCHTEST DU WIRKLICH?
WANN BEGINNT DEIN LEBEN?
VON EINEM ANDEREN STERN
AUF DER ERDE ZURECHTKOMMEN
MIT MEDITATION DIE SPIRITUELLE
RÜSTUNG STÄRKEN
FEHLER SIND KEINE GROSSE SACHE!

LEBE DEIN LEBEN

„Ich lebe mein Leben in wachsenden Ringen,
die sich über die Dinge ziehn.
Ich werde den letzten vielleicht nicht vollbringen,
aber versuchen will ich ihn.
Ich kreise um Gott, um den uralten Turm,
und ich kreise jahrtausendelang;
und ich weiß noch nicht: bin ich ein Falke, ein Sturm
oder ein großer Gesang."[23] RAINER M. RILKE

Das ist für mich eines der schönsten und auch tiefsinnigsten Gedichte dieses beseelten Dichters.

Mein Leben zieht sich in wachsenden Ringen über die Dinge und es sind nicht die Dinge, die sich über mein Leben ziehen.

In dieser Aussage liegt das Geheimnis unseres Lebens und der Hinweis für unsere Souveränität. Nicht das Leben hat uns im Griff, sondern wir haben das Leben im Griff! Warum aber haben so viele Menschen den Eindruck, dass es umgekehrt ist?

PARAMAHANSA YOGANANDA sagt: *„Vergewissere dich, dass das, was du willst, für dich richtig ist, dann* *nutze alle Kräfte deiner Willenskraft, um dein Ziel zu erreichen, und halte immer deinen Geist auf Gott ausgerichtet. Kein anderer Wunsch sollte in deinem Herzen sein, als Gott zu erkennen; dann wird alles zu dir kommen."*[24]

Das ist des Rätsels Lösung! Sobald du dich vergewissert hast, dass dein Wollen mit deinen Aufträgen übereinstimmt, beginnst du damit, dein eigenes Leben zu leben – und du wirst selbstbestimmt.

Souverän bist du dann, wenn Aufträge und Willenskraft auf das Erreichen deines Ziels ausgerichtet sind. Wenn der Wunsch, deine Aufgaben zu erfüllen, alle anderen Wünsche überwiegt, dann gräbst du im Leben an der richtigen Stelle. Dann bist du der Gestalter deines Lebens und es ist nicht das Leben, das dir Entwicklungen aufzwingt oder das sich wie ein enger Ring über dich legt.

SEHNSUCHT NACH GOTT

Zugleich ist der zweite Punkt entscheidend: Deine Sehnsucht nach Gott, nach dem Ursprung, der Quelle aller Quellen – Sehnsucht nach Heimkehr!

Wie immer du den Schöpfer oder die Urmutter allen Seins bezeichnest, es ist deine innere Sehnsucht nach Gottes Gegenwart, die dir ein selbstbestimmtes Leben garantiert.

Ohne die Sehnsucht nach Gott bist du wie ein leerer Brunnen oder wie ein Samen, der nicht keimt.

Dein eigenes, selbstbestimmtes Leben beginnt mit einer intakten Verbindung zu Gott – deiner spirituellen Wirklichkeit. Solange du den Blick allein auf die materiellen Erscheinungen richtest und jenseits des Sichtbaren nichts vermuten kannst, ist kein Wachstum möglich.

„Lebe dein Leben" heißt, das Leben in seiner Vielschichtigkeit wahrzunehmen. Du bist nicht nur Fleisch und Blut. Je begrenzter deine Wahrnehmung ist, desto enger ist der Radius, in dem sich dein Leben abspielt. Die Ereignisse der Zeit rollen vor deinen Augen ab und du hast die Wahl, mehr als das Offensichtliche zu sehen oder dich mit dem Augenscheinlichen zufrieden zu geben.

Hast du die Willenskraft, dahinter zu blicken, oder scheust du den Blick auf die Wahrheit?

Willst du mehr wissen – oder gibst du dich schnell zufrieden? Hast du den Mut, deinem eigenen Schatten zu begegnen – oder genügt dir ein Leben, das dir von der Gesellschaft diktiert wird? Wie groß ist dein Bedürfnis nach innerer und äußerer Freiheit? Bist du bestrebt, unabhängig, frei und souverän zu sein?

Wenn NEIN, dann brauchst du nicht weiterzulesen, das ist Zeitverschwendung.

Wenn JA, dann lass dich ganz auf dich selbst ein.

WAS MÖCHTEST DU WIRKLICH?

Erforsche genau, was du auf dieser Welt zu tun hast und wie du diesem Ziel näherkommst? Was möchtest du erreichen, was ist das Zentrum deines Lebens? Welche Gedanken treiben dich an, welche Pläne möchtest du verwirklichen, warum bist du überhaupt hier auf dieser Welt – in einer Zeit, die alles andere als ein Spaziergang ist?

Interessieren dich diese Fragen überhaupt? Wenn ja, dann gehe den Dingen auf den Grund! Gehe ihnen wirklich auf den Grund!

Sei bei der Erforschung deines Lebens kompromisslos! Warum bist du überhaupt hier und hat das Leben etwas mit dir zu tun?

Das göttliche Licht und die feinstofflichen Lichtwesenheiten, die dich während eines Erdenlebens begleiten, geben dir laufend wertvolle Hinweise. Achte noch mehr darauf, beachte deine Träume und Gedanken, erkenne den Sinn von Begegnungen und erfreue dich an den vielen Zufällen, die sich einstellen, wenn du bereit bist, deine Aufträge wirklich anzunehmen.

Ich kenne das aus meiner eigenen Erfahrung. Als ich mich entschloss – ohne Wenn und Aber – JA zu meinen Aufträgen zu sagen, kam eine Dynamik in mein Leben, die für mich davor, als ich noch ein „flacheres" Leben führte, unvorstellbar war. Alles fügte sich zueinander, die unsichtbare Choreografie Gottes begann mein Leben zu bestimmen – und allmählich wurde alles sichtbar. Das eigentliche Wunder aber war, dass ich das Wirken Gottes in meinem Leben sehen und wahrnehmen konnte.

Sobald du Gott in deinem Leben wahrgenommen hast, ändert sich alles! Unerträgliches wird erträglich und die Kraft, dein Leben zu leben, geht dir niemals aus.

Auch wenn du, wie jeder Mensch, mal gute, dann wieder weniger gute Tage hast, ist dir die innere Orientierung nicht mehr zu nehmen. Auch wenn die Welt um dich herum einem stürmischen Ozean gleicht: Du kannst den Kurs halten, denn dein Navigator ist Gott.

WANN BEGINNT DEIN LEBEN?

Ich behaupte, dass ein Leben ohne Gott kein Leben ist. Ich sage: „Nur wer mit ganzem Herzen nach Gott sucht, wer seinen Geist immer auf Gott ausrichtet und sein Tun immer mit Gott abstimmt, nur ein solcher Mensch kann wirklich Erfüllung finden."

In einer feststofflichen Welt kannst du nur überleben, wenn du innerlich an die feinstoffliche Wirklichkeit Gottes angebunden bist. Gott ist also die erste Adresse und steht an erster Stelle. Dann kommt alles andere und es kommt von selbst zu dir – und dann beginnt dein Leben.

Hast du also nach eingehender Prüfung die Gewissheit, dass du genau das tust, was du tun sollst, dann gehe diesen Weg unbeirrt weiter, so lange, bis neue Aufträge an dich herangeführt werden. Obwohl du mit Gott gehst, sei dir immer bewusst, dass du auf einer Welt lebst, die den Gesetzen Gottes wenig Beachtung schenkt.

Vertraue auf Gott, doch sei niemals den Menschen gegenüber leichtgläubig! Prüfe genau, mit wem du es wann und wo zu tun hast! Dein Leben zu leben, heißt, die Umstände zu berücksichtigen, heißt, die Spreu vom Weizen trennen zu können.

VON EINEM ANDEREN STERN

Die Menschen unterscheiden sich, niemand ist wie du! Die Einen haben eine tiefe Anbindung an Gott, während die Anderen nur irdischen Bedürfnissen hinterherjagen. Mancher versteht dich, kann deine Beweggründe deuten, viele aber glauben, du seiest von einem anderen Stern.

Darin liegt viel Wahrheit. Tatsächlich bist du von einem anderen Stern auf diese Erde gekommen, um deinen Beitrag für das Aufwachen der Menschen und für die Bewusstwerdung zu leisten.

Wer weiß, dass er im Kern Geist ist und dass seine Seele Leben für Leben von Körper zu Körper wandert, der hat einen völlig anderen Blick auf das Zeitgeschehen.

Dieser Blick ist vielen Menschen nicht unbedingt zu eigen oder zu vermitteln. Deshalb lebe dein Leben, ohne dich jenen zu offenbaren, die dafür noch keine Antennen haben. Lebe dein Leben, ohne die oftmals trägen Bedingungen auf der Erde und die auf Eigennutz ausgerichtete Umgebung zu ignorieren.

Eine Sufi-Geschichte über Kamele:

„Ein Meister ritt einmal mit seinem Schüler durch die Wüste. Bei Einbruch der Dunkelheit stießen sie auf eine Karawanserei und sie beschlossen dort zu übernachten. Der Meister trug dem Schüler auf, sich um die Kamele zu kümmern und ging schlafen.
Am nächsten Morgen waren die Kamele fort. Es stellte sich heraus, dass der Schüler die Kamele nicht angebunden hatte. Der Meister fragte seinen Schüler. ‚Warum hast du die Kamele nicht angebunden?'
‚Du hast mich doch gelehrt', antwortete er, ‚dass ich Vertrauen in Allah haben soll. Ich dachte, dass Allah sich schon um mich und meine Kamele kümmern wird.'

Darauf sagte der Meister: ‚Allah kümmert sich nur um dich, wenn du dein Kamel anbindest.'"[25]

Hast du deine Aufträge gefunden und ist Gott zu deinem besten Freund geworden, dann geht es nur noch darum, dass du mit den Bedingungen auf dieser Erde zurechtkommst und dass du die Kamele anbindest.

AUF DER ERDE ZURECHTKOMMEN

Viele Menschen finden sich auf dieser Welt nur schwer zurecht! Hoch veranlagte und spirituelle Menschen wissen nicht, wie sie auf einer lieblosen Welt leben oder überleben können.

Diese Matrix ist eine große Herausforderung für jeden Menschen, doch für die, die eine feinere Wahrnehmung haben, ist ein Leben in Freude und Frieden kaum zu erreichen.

Sie vertrauen auf Gott und erschrecken, zu welchen Taten ein Mensch fähig ist. Das bringt sie ganz durcheinander, irritiert sie und sie werden aus der Bahn geworfen.

„Wenn uns etwas aus dem gewohnten Geleise wirft, so denken wir, alles sei verloren. Aber dabei beginnt doch nur etwas Neues und Gutes.“[26] LEO N. TOLSTOI

Gut und Böse, Licht und Dunkel existieren zugleich und es ist nicht immer leicht, damit zurande zu kommen – und die Frage aller Fragen: Warum lässt Gott das zu? Das ist das Spiel, das von Menschen erschaffen wurde und das du gewählt hast. Diese Verabredungen von Engeln auf der Erde findet heute, hier und jetzt statt. Gott hat mit der Welt, so, wie sie jetzt ist, zunächst gar nichts zu tun!

Auch wenn du dich manchmal fragst: „Was hat mich geritten, dass ich in ein Erdenleben eingewilligt habe?“, herrscht ein großer Andrang für eine Verkörperung auf Erden.

Bist du auf der Erde angekommen, dann heißt es, dein Leben zu leben – am besten in „wachsenden Ringen“. Du bist bestrebt, deine Aufgaben zu meistern. Mitten in einer Welt, die alles bietet – von abgrundtiefem Hass bis hin zu bedingungsloser Liebe – gilt es deinen einmaligen Platz zu finden. Was du dir für ein Leben vorgenommen hast, willst du bewältigen und meistern. Es gibt keinen anderen Grund für dein Leben!

Jedoch ist das Leben oftmals mit Anstrengung verbunden und mit sehr viel körperlichem, psychischem und geistigem Einsatz. Sei nicht überrascht, wenn es heiß hergeht, dieses Abenteuer interessiert dich, du willst es erleben und darin bestehen.

Wenn du wieder einmal niedergeschlagen oder enttäuscht bist, wenn dich fremde Energien quälen und du zunächst keinen Ausweg sehen kannst, dann nimm das als Gelegenheit, deine spirituelle Rüstung zu stärken.

Wie machst du das? Mit der Meditation und durch Gott!

MIT MEDITATION DIE SPIRITUELLE RÜSTUNG STÄRKEN

Es gibt keine effizientere Methode, als in der Meditation inneren Frieden und Orientierung zu finden. Wenn das außen über dich hereinbricht, stärke dich durch die innere Verbundenheit mit Gott. Übergib deine Sorgen und Ängste Gott! Tue es einfach und du wirst sehen, wie der Druck nachlässt und wie die Sorgen von dir abfallen!

Das ist kein fauler Zauber, sondern ein energetischer Vorgang, bei dem deine Energie zu Gott transferiert und in SEINER Liebe transformiert wird – ein echtes Wunder. ALBERT EINSTEIN sagte: *„Es gibt zwei Arten, sein Leben zu leben: entweder so, als wäre nichts ein Wunder, oder so, als wäre alles ein Wunder."*[27]

Gott wartet nur darauf – die göttliche Mutter wartet auf dich. Je öfter du deine Nöte und Sorgen vor Gott ausbreitest, desto fester wird das Band zwischen Dir und Gott.

Wunder sind an der Tagesordnung, wenn du Gott in deinen Tag einbaust. Vermeide Pausen, meditiere täglich und das so lange, bis die Anbindung wirklich konstant ist. Am Ende sollst du ein Meditierender sein – und der ganze Tag ist ein Gebet.

Verstehst du jetzt warum du oftmals verzagt, verzweifelt und desorientiert bist? Dir fehlte das Wichtigste – GOTT.

Weißt du, was einen Meister von dir unterscheidet? Ein Meister lebt im ständigen Gewahrsein Gottes. Fragen erübrigen sich, wenn Gott dir antwortet, noch ehe du gefragt hast.

Dieser ständige Dialog mit Gott ist der Schlüssel für jedes Schloss.

Verbessere und vertiefe deine Hingabe, stürze dich in das Abenteuer mit Gott – lebe dein Leben!

FEHLER SIND KEINE GROSSE SACHE!

Auch wenn dir das nicht sofort gelingen sollte: Klage dich selbst niemals an, gehe mit dir selbst niemals zu Gericht! Liebe dich für jeden Misserfolg, liebe deine Fehler, sei aber bereit, sie nicht zu wiederholen.

Jeder Fehler macht dich darauf aufmerksam, dass etwas fehlt, etwas unvollständig ist – mehr ist da nicht! Mache also keine große Sache daraus – weder bei dir noch bei anderen. Das würde dich nicht nur unsympathisch machen, sondern auch dein Herz verhärten:

„Den größten Fehler, den man im Leben machen kann, ist, immer Angst zu haben, einen Fehler zu machen.“[28]
DIETRICH BONHOEFFER

Lege diese Ängste, so sie noch da sind, einfach ab!

Selbstvertrauen hat damit zu tun, dass du dir trotz Irrtümern und Fehleinschätzungen weiterhin vertraust.

Inneres Wachstum geschieht bis zu einem bestimmten Punkt durch Fehler. Wärest du fehlerlos, wärest du entweder ein Meister oder gar nicht hier!

Gewinne eine entspannte Betrachtung zum Leben und erfahre das Leben nicht als Problem:

„Das Leben ist kein Problem, das es zu lösen, sondern eine Wirklichkeit, die es zu erfahren gilt."[29] BUDDHA

Blicke entspannt auf deine Existenz! Denn was du in diesem Leben nicht erreichst, erreichst du in einem nächsten Leben. Es ist bis zu deinem physischen Tod und der Rückkehr deiner Seele in das Licht ungewiss, ob du den letzten Ring vollbringen wirst – aber versuche ihn! Solange dein Leben um Gott kreist, hast du alles gewonnen.

Erwarte nicht, dass du von Gott immer gehalten wirst. Welches Kind, das von den Eltern immer getragen wird, lernt zu gehen? Worauf du aber immer vertrauen kannst, ist, dass Gott dich niemals fallen lässt.

Was ist der Sinn des Lebens? LEBEN!
Wie kommst du dem Sinn näher? LEBE!

„Wenn du einen Samen eingepflanzt hast und ihn dann täglich ausgräbst, um nachzusehen, ob er gewachsen ist, wird er nie Wurzeln schlagen. Gib ihm richtige Pflege, aber sei nicht neugierig!“[30]

PARAMAHANSA YOGANANDA

WERTSCHÄTZUNG UND DANKBARKEIT

„KEHRE UM!"
WER ABER IST DEIN MEISTER?
VERGISS VERGANGENHEIT UND ZUKUNFT
ES KOSTET DAS GANZE LEBEN
GOTT MACHEN LASSEN
RICHTIG BETEN, RICHTIG BITTEN

„KEHRE UM!“

„Ein Scheich aus Indien beabsichtigte, zu einem großen Heiligen zu kommen. Als er an der Tür der Zelle des Meisters ankam, kam eine Stimme: ‚Kehre um! In deinem Fall liegt der Nutzen darin, dass du zu dieser Tür gekommen bist. Wenn du deinen Meister siehst, wird es dir schaden.“[31]

„Kehre um!“ Wärest du mit dieser Antwort zufrieden? Wärest du sogar dankbar dafür und könntest du diese wertschätzen? Denn genau darum geht es!

Wer weiß, dass sich das Leben so offenbart, damit es für dich nützlich und hilfreich ist, der wird nicht lange vor der verschlossenen Tür des Meisters stehen bleiben. Wärest du glücklich darüber, vor der Tür des Meisters stehen zu dürfen oder würde dein Ego rebellieren? Jeder, der einem glühenden Ofen zu nahe kommt, verbrennt sich. Ein wahrer Meister weiß genau, wie nahe du ihm kommen darfst. Deshalb lässt er dich warten oder er schickt dich weg.

1. Johannes, 1,5: *„Und dies ist die Botschaft, die wir von ihm gehört haben und euch verkündigen: dass Gott Licht ist und gar keine Finsternis in ihm ist.“*

Solange noch Finsternis in dir ist, kannst du das Licht Gottes nicht ertragen. Ein Meister spiegelt dir das, er kennt den, der vor seiner Tür steht.

Ein wahrer Meister weiß genau, wie weit ein Mensch ist und wie nahe er ihm kommen darf, um nicht zu verbrennen. Dieses Grundvertrauen in den Meister bringt dich sicher durch diese Zeit.

WER ABER IST DEIN MEISTER?

Gott ist der Meister aller Menschen und es sind jene Menschen, die Gott verwirklicht haben! Andere Meister gibt es nicht! So lass dich also ganz auf Gottes Führung ein.

Sei dankbar dafür, wenn dich Gott noch vor der Türe warten lässt, und schätze es, dass du so weit gekommen bist.

Das Erreichte gilt es zu sehen, es wahrzunehmen und zu feiern. Es ist unklug, der Erleuchtung nachzutrauern, während du vor der Tür des Erleuchteten stehst!

Wer Dankbarkeit nicht spüren kann und nicht wertschätzt, was er ist und hat, verfehlt das Ziel. Wie soll die Erkenntnis keimen, wenn du immer ungeduldig bist:

„Ein Schüler gab sich einer unablässigen Selbsterforschung hin und suchte ständig nach Zeichen geistigen Fortschritts. Der Meister sagte ihm: ‚Wenn du einen Samen eingepflanzt hast und ihn dann täglich ausgräbst, um nachzusehen, ob er gewachsen ist, wird er nie Wurzeln schlagen. Gib ihm richtige Pflege, aber sei nicht neugierig!'" [30]

So verhalten sich Kinder! Kinder können es nie erwarten, sie zerspringen vor Neugier. Bist du am spirituellen Pfad noch ein Kind, so wirst du nicht verstehen, warum dich der Meister warten lässt.

Wertschätzung für das Erreichte entsteht, wenn du imstande bist, realistisch auf dein Leben zu blicken. Jeder Mensch hat im Leben viel erreicht – selbst die, die ein „gewöhnliches" Leben führen, können sich selbst wertschätzen und dankbar sein. Was Gott ihnen gegeben hat und was sie Gott zurückgeben, verdienen Dankbarkeit und Wertschätzung.

Nur die Gleichgültigen sind der Welt eine Last, doch diese dringen weder zu diesen Fragen noch zu einem Meister vor.

VERGISS VERGANGENHEIT UND ZUKUNFT

Wie kannst du dich am besten fokussieren? Vergiss die Vergangenheit und grüble nicht über die Zukunft!

Solange du in der Vergangenheit hängen bleibst und andauernd über die Zukunft sinnierst, kannst du nicht sehen, was ist und was du bereits erreicht hast. Wertschätzung und Dankbarkeit werden in der Gegenwart wahrgenommen:

- Sei dankbar über Vergangenes, darüber, dass dich dein Leben dahin geführt hat, wo du jetzt bist! Danach beschäftige dich nicht weiter damit.
- Sei dankbar über die Zukunft, die du gestalten und formen möchtest! Danach beschäftige dich nicht weiter damit.

Beschäftige dich mit der Gegenwart! Betrachte die Gegenwart aus der Adlerperspektive und dein Herz wird sich mit Dankbarkeit füllen.

Für das Gelingen des Lebens braucht es diesen Blick.

Der Punkt ist: zu sehen, was du bist – voller Dankbarkeit, Wertschätzung und Liebe auf dich selbst blicken! Dann ändert sich die Betrachtung grundlegend, dann können Mitgefühl und Dankbarkeit erwachen, denn das eine ist ohne das andere nicht möglich.

„Leo Tolstoi erinnert sich in seinen Memoiren an seine Mutter. Er sagt, sie sei eine freundliche Frau gewesen, sehr gütig …
… gütig nicht im Sinne von mitfühlend. Und sie war sehr emotional, so emotional, dass sie im Theater stets zu weinen pflegte. Die Tolstois waren reiche Leute, zählten zum Adel. Wenn Tolstois Mutter ins Theater ging, musste sie immer ein Diener mit zahllosen Taschentüchern begleiten, denn sie brauchte laufend Nachschub. Sie weinte die ganze Zeit über. Tolstoi schreibt:
‚Doch es hat mich immer überrascht, dass sie selbst im russischen Winter, wenn es bitterkalt war, unter null Grad, und der Schnee fiel, ins Theater ging und ihren Kutscher einfach draußen sitzen lassen konnte – mitten im Schnee, wo er fror und vielleicht sogar krank wurde. Sie verschwendete nie einen Gedanken an diesem Mann, der in der Kälte warten musste, vergoss aber Tränen über irgendeine Geschichte, die sie am Theater sah.‘

So verhalten sich sentimentale Menschen, emotionale Menschen – es kostet sie nichts, zu weinen, Gefühle zu haben. Doch es kostet sehr viel, mitfühlend zu sein. Es kostet das gesamte Leben. Ein mitfühlender Mensch ist ein sehr realistischer Mensch. Ein emotionaler Mensch lebt einfach nur in Träumen, in vagen Gefühlen, in Fantasien. Mitgefühl entsteht also auch nicht durch Fühlen.“[32]

ES KOSTET DAS GANZE LEBEN

Nur wer mitfühlend ist, ist auch dankbar und kann wertschätzen, was er hat und ist. *„Ein mitfühlender Mensch ist ein realistischer Mensch.“* Nur ein Realist kann fühlen, was andere fühlen und kann andere und sich selbst richtig ein- und wertschätzen. *„Es kostet das ganze Leben“,* ein bewusster Mensch zu werden und es zu bleiben. Gerade heute bieten sich so viele Gelegenheiten, an den Herausforderungen des Lebens und an sich selbst zu wachsen.

Stehst du also vor einer Tür im Leben, wo es kein Weiterkommen gibt oder vor einem Meister, der dir nicht öffnet, dann ist die einzige Frage die: „Was macht das mit dir?“

Schätzt du dich glücklich, dass du überhaupt so weit gekommen bist – oder weinst du die Tränen von Mutter Tolstoi?

Jeder wahre Meister kennt dich besser als du selbst und Gott kennt dich erst recht besser als du selbst.

Öffnest du dein Herz bedingungslos für die Transformation, dann öffnen sich dir alle Türen. Gott weiß, was für dich gut ist und was dir zu welcher Zeit gegeben werden kann. Gelingt es dir, dieses Grundvertrauen in Gott und in das Leben zu erlangen, bist du vom Erwachen nicht mehr weit entfernt. Dann gibt es keinen Tag mehr, an dem du geringschätzend – dir selbst oder einem Kutscher gegenüber – bist.

Das meiste Unglück liegt darin, dass der Mensch niemals zufrieden ist. Es herrscht ständige Unruhe. Das, was ist, reicht nicht zum Glück. Unrast, Unglück, Undank und Geringschätzung sind die Folgen. Du hast es eilig, lebst auf der Überholspur, doch am Ende kommst du nirgendwo an.

Das Ziel am spirituellen Pfad ist nur zu erreichen, wenn du die Blumen am Wegrand sehen kannst.

Ich habe gelesen: „Schildkröten können dir mehr über den Weg erzählen als Hasen“ und „Wenn du in Eile bist, mache einen Umweg!“ Ein Umweg, der dich womöglich zu einer Tür führt, die dir geöffnet wird?

GOTT MACHEN LASSEN!

Spirituelles Wachstum geschieht, wenn du dich von Wünschen und Vorstellungen verabschiedest oder wenn du darauf vertraust, dass Gott die Regie in deinem Leben übernimmt: Einfach Gott machen lassen!

Du willst Gott erreichen? Aber wie? Indem du Gott aus ganzem Herzen willst:

„Eure Beschwerde, Gott antworte nicht und schütte seine Gnade nicht aus, selbst wenn ihr ernsthaft betet, ist auf Teilzeitspiritualität und nur halbherziges Sehnen zurückzuführen. Wer von ganzem Herzen Schmerz und Freude gleichermaßen als Geschenke Gottes annimmt und es nicht wagt, sie als gut oder schlecht zu bewerten – der ist ein wahrer Nachfolger. In solcher Haltung kann man unbeschwert und glücklich leben.“[33]

Glücklich zu leben, dankbar zu sein und dem Leben gegenüber eine wertschätzende Grundhaltung einzunehmen – wer wirklich bittet und betet, wer alles gibt, um für das Licht Gottes bereit zu sein, der begibt sich vollkommen in die Obhut Gottes und dem wird geöffnet werden. Aber erträgt es dein Ego, dass du warten musst? Gibt es Gründe, warum dich der Meister zurückschickt? Gehe den Ursachen auf den Grund, klopfe erneut an, versuche es, versuche es besser – und es wird dir aufgetan.

„Bittet und ihr werdet bekommen! Sucht und ihr werdet finden. Klopft an, und man wird euch öffnen!“
(Bibel, Matthäus 7,7)

Wertschätzung und Dankbarkeit beruhigen deinen Geist und stärken deine Seele. Mit dieser inneren Haltung kommst du Gott, deinem Meister, Stück für Stück näher. Auf diesem Pfad herrscht Stille, kein Lärm der Welt und kein Widerspruch im Inneren existieren. Du bist entspannt und im Frieden, denn du weißt, dass alles im Leben gegeben wird – zur rechten Zeit, zur rechten Stunde. Du bist dankbar für dein Leben und du weißt, dass du es dir verdient hast. Du bist keine Laune der Natur, sondern das Ebenbild Gottes.

RICHTIG BETEN, RICHTIG BITTEN

Dein Gebet ist keine Forderung an Gott, sondern ein tiefes inneres Verlangen nach seiner Nähe und dein Bitten ist kein Wunsch eines Kindes, sondern ist die unerfüllte Sehnsucht nach IHM.

Dein Leben wird ein Fest, wenn du dich auf diese Weise auf deine Existenz einlässt.

„Ein Jünger war unglücklich darüber, dass seine anderen Brüder größere geistigen Fortschritte zu machen schienen als er. Da sagte ihm der Meister: ‚Anstatt auf deinen eigenen Teller zu blicken – auf das, was dir gegeben worden ist – schaust du in die große Schüssel und denkst an all das, was du nicht bekommen hast.'"[34]

Dankbarkeit ist ein Band, das dich mit dem Leben verbindet und Wertschätzung ist das Band, das dich mit den Mitmenschen verbindet.

Du hast die Wahl: Jetzt zu begreifen, was dein Glück ist, oder später zu sehen, was dein Glück war?

Lenkst du deine ganze Energie
auf den Umsturz des Systems,
dann bist du Teil der Konflikte.
Lenkst du deine ganze Energie
auf den Aufbau einer Neuen Erde,
dann wirst du Teil eines kreativen
Prozesses, der dich in schweren
Zeiten Leichtigkeit erfahren lässt.

JAHN J. KASSL

UNENDLICHES BEWUSSTSEIN

KEINE EILE!
DIE REISE VON ENGELN
DU ERWACHST!
ADLERPERSPEKTIVE EINNEHMEN
WORAUF LENKST DU DEINE AUFMERKSAMKEIT
GOTT BIST DU!
GOTT IST EIN PRAKTIKER
BEWUSSTSEIN SPRENGT MATRIX

I

1 Der Schüler erkundigt sich:
„Wer lässt den Geist denken?
Wer erfüllt meinen Körper mit Lebenskraft?
Wer bringt meine Zunge zum Sprechen? Wer ist dieses Unsichtbare, das durch meine Augen sieht und durch meine Ohren hört?*

2 Der Lehrer antwortet:
„Das Selbst ist das Ohr des Ohrs,
das Auge des Auges, der Geist des Geistes,
das Wort der Worte und das Leben des Lebens.
Sich über die Sinne und den Geist erhebend
und sich vom getrennten Dasein abkehrend,
verwirklichen die Weisen das todlose Selbst.

3 Dieses können unsere Augen nicht sehen und auch Worte nicht ausdrücken;
nicht einmal vom Geist kann es erfasst werden.
Unserem Erkennen entzogen, unserem Verstehen unzugänglich;

---

* Im englischen Text „that invisible one who" ("dieser Unsichtbare, der"); auch hier ist „the Self" wieder grammatisch männlich/personal. Hier ist aber, dem Urtext zufolge, mit dem „Self" eindeutig das Brahman gemeint. Daher formuliert der deutsche Übersetzungstext ‚normalsprachlich', also im Neutrum. (Anm. d. Übers.)

4 Denn es ist anders als das Bekannte,
und es ist anders als das Unbekannte.
Solches haben wir von den Erleuchteten erfahren.

5 Das, was die Zunge sprechen lässt, aber von der Zunge nicht gesprochen werden kann – kenne dies als das Selbst. Dieses Selbst ist niemand anderes als du.

6 Das, was den Geist denken lässt, aber vom Geist nicht gedacht werden kann – das ist wahrhaftig das Selbst. Dieses Selbst ist niemand anderes als du.

7 Das, was das Auge sehen lässt, aber vom Auge nicht gesehen werden kann – das ist wahrhaftig das Selbst. Dieses Selbst ist niemand anderes als du.

8 Das, was das Ohr hören lässt, aber vom Ohr nicht gehört werden kann – das ist wahrhaftig das Selbst.

9 Das, was dich Atem schöpfen lässt, aber von deiner Atmung nicht geschöpft werden kann – das ist wahrhaftig das Selbst. Dieses Selbst ist niemand anderes als du."[35]
(Die Upanischaden)

KEINE EILE!

In tiefer Meditation kann sich dir das Geheimnis des Selbst, deines unendlichen Bewusstseins enthüllen. Wer in diese Worte des „Kena-Upanischad" durchdringt, erlangt Erleuchtung.

Es wäre sinnlos, hier weiterzuschreiben, gäbe es nicht die vielen Stufen zur Erleuchtung und die vielen Menschen, die sich auf diesen Stufen befinden.

Zuerst – überstürze nichts! Gehe deinen spirituellen Pfad gelassen und in Freude weiter!

Habe keine Eile, habe Durchhaltevermögen! Habe keine Sorge, habe Vertrauen! Habe keine Angst, habe Mut und Liebe!

Das sind die Ingredienzien am Weg der Meisterschaft.

Wie ist es möglich, ins unendliche Bewusstsein einzutauchen und, besser noch, jeden Moment in diesem Bewusstsein zu leben?

DIE REISE VON ENGELN

Um in Einheit mit deinem unendlichen Bewusstsein zu leben, gilt es zuerst deine Aufmerksamkeit zu verlagern und auf deine Unvergänglichkeit zu lenken.

Betrachte das Leben niemals unter rein menschlichen Prämissen. Was einem Menschen widerfahren kann, das ist für ein spirituelles Wesen ausgeschlossen und für Wesenheiten, die niemals auf der Erde gelebt haben, kaum vorstellbar.

Leid und Sorgen, Krankheit und Mangel, Begrenzungen jeder Art gibt es auf der Erde – und das in einer ungeheuerlichen Fülle. Diese willst du erfahren und am Ende deiner Reise überwinden. Anderenfalls wärest du nicht hier. Das ist die Reise von Engeln, das ist dein Abenteuer.

Jetzt aber ist für viele Menschen der Krug an Erfahrungen randvoll und sie sind dabei, ihn zu leeren. Die Leben sind gelebt und neue Erkenntnisse werden geboren. Viele Menschen spüren innerlich, dass sie den Kreis des Lebens auf einer Erde dieser Dichte jetzt vollenden können.

Sie öffnen sich für eine transzendente Wahrnehmung des Lebens und sie geben eine rein „erdbezogene" Sicht auf die Ereignisse auf. Auch das Ego verliert an Einfluss – das Göttliche in dir erwacht!

DU ERWACHST!

Damit beginnt der spirituelle Pfad, beginnen Meditation und Gottvertrauen. Es öffnet sich eine neue Welt und plötzlich erkennst du, welches Spiel hier auf der Erde veranstaltet wurde. Manchmal erlebst du dich als multidimensionales Wesen – du spürst es, aber Worte dafür zu finden, fällt dir schwer. Etwas geht vor in dir, etwas verändert sich – radikal! Deine Wahrnehmung stellt sich um.

Die Meditation ist das geeignete Werkzeug dafür, denn in der Mediation dehnst du dich weit über die Körpergrenzen aus. In der Meditation offenbart sich dir eine bisher unbekannte Welt. Du erwachst.

Zu erwachen, heißt, deine Wahrnehmung vom begrenzten Menschsein zur Unbegrenztheit deines göttlichen Bewusstseins dauerhaft zu verlagern!

Ist dies geschehen, ist deine Erleuchtung nicht mehr fern. Bei immer mehr Menschen wird jetzt dieser Prozess initiiert. Träume, Meditationen, Fügungen und Visionen sind für solch einen Menschen fester Bestandteil des Tages.

Das Leben will gelebt, verstanden und gemeistert werden – und eine spirituelle Sicht auf alles, was ist, bildet von nun an die Basis.

Sobald du den Saum deines Geistes berührst, ändert sich alles.

Du bist unendliches Bewusstsein, unsterblicher ewiger Geist und Gottes Ebenbild. Du bist das Licht aus dem Licht und die Liebe aus der Liebe.

Keiner wird dir den Weg zeigen können, keiner wird dir sagen können, wie du Erleuchtung erlangst, keiner wird mit dir gehen können und keiner wird für dich tun, was nur von dir getan werden kann.

Aber alle Mächte des Himmels werden dich dazu ermutigen, alle Kräfte des Lichts werden dich auf die Reise vorbereiten und der unbewegliche Beweger selbst wird die Dinge für dich in Bewegung setzen.

In dein Herz gilt es vorzudringen, denn dort scheint das Licht des Himmels.

Ohne Eile folgst du dem Ruf deiner Sehnsucht. Wo immer er dich hinführt und wo immer dich das Leben haben will, dort bist du richtig. Auf diese Weise sammelst du Erfahrungen und kommst deinem Selbst immer näher.

Du bist, was du bist – unendliches Bewusstsein. Wer kann dir das zeigen? Niemand!

Kein Mensch hat je gesehen, was nur für deine Augen bestimmt ist und nur dir ins Herz gelegt wird.

ADLERPERSPEKTIVE EINNEHMEN

In dieser durchaus verrückten Zeit, in der alle Dinge am falschen Platz stehen, eben „ver-rückt“ und aus der natürlichen Balance gerückt sind, geht es darum, dass du eine neue Perspektive einnimmst.

Versuche in jeder Situation, einen übergeordneten Blick auf das Ganze zu gewinnen! Sei ein Adler und niemals ein Frosch!

Die Froschperspektive lässt dich verzweifeln, die Adlerperspektive lässt dich verstehen.

Ist das erreicht, beginnt ein neues Leben. Dann kannst du dich den wirklich wichtigen Dingen widmen – und wichtig ist allein, dass du bei dir selbst ankommst, dass du dein Leben lebst und deine Ziele, die du dir, bevor du geboren wurdest, gesteckt hast, erreichst.

Das Leben ist kein Wettlauf, jedoch du hast dir auch für dieses Leben etwas vorgenommen. Du bist mit klaren Aufträgen auf dies Welt gereist und diese gilt es umzusetzen.

Dabei ist eine überwiegend menschliche Betrachtung des Lebens wenig hilfreich. Auf die richtige, die übergeordnete Sicht kommt es an. Denn das macht den Unterschied, ob du die Angelegenheiten meisterst – oder aber – ob du weitere Lektionen auf dieser Erde benötigst.

Du bist so viel mehr als Mensch und doch fühlst du dich manchmal gefangen auf diesem Planeten. Dein göttliches Bewusstsein schafft den Sprung aus dieser Wahrnehmung.

Indem du dich innerlich auf dich selbst einlässt, weitest du deinen Horizont und es weitet sich deine Seele. Dein Herz öffnet sich für das Göttliche in dir. Danach bist du wie neugeboren und irdische Begrenzungen wirken sich auf dich nicht mehr schädigend aus.

Das ist ein Prozess, der Zeit braucht, doch es geschieht, dass du dich verwandelst, wenn du es nur wirklich willst!

Das Ende der Suche findet in dir statt. Nachdem du alles, was dich von dir selbst fernhält, entfernt hast, hast du einen freien Blick auf deine unsterbliche Seele und auf dein ewiges göttliches Selbst.

Gelassenheit in dieser Zeit ist für manche Menschen schwer. Zu viele Nöte und Ängste überschwemmen die Welt. Wie ist dem beizukommen? Es gibt keine bessere Methode als die Verlagerung deiner Aufmerksamkeit.

WORAUF LENKST DU DEINE AUFMERKSAMKEIT?

Lenkst du deine ganze Energie auf den Umsturz des Systems, dann bist du Teil der Konflikte.

Lenkst du deine ganze Energie auf den Aufbau einer Neuen Erde, dann wirst du Teil eines kreativen Prozesses, der dich in schweren Zeiten Leichtigkeit erfahren lässt.

Worauf lenkst du deine Aufmerksamkeit? Das ist der springende Punkt.

Den großen Bogen zu spannen, heißt, deine ganze Aufmerksamkeit auf die spirituelle Dimension des Zeitgeschehens zu verlagern, ohne die irdische Dimension zu leugnen, und heißt auch, dich selbst als spirituelles Wesen in den Kontext zu diesen Ereignissen zu setzen.

Sieh dich als Teil eines universellen Prozesses, an dessen Ende die geheilte Menschheit und die ins Licht erhobene Erde stehen. Tauche in deinen Meditationen in den Ozean deiner Seele ein und strebe nur eines an: die Nähe zum Schöpfer!

„Dieses Selbst ist niemand anderes als du."

Gott ist niemand anderes als du! Das zu erfahren, ist Erleuchtung – und das zu erleben, kannst nur du!

GOTT BIST DU!

Die Phänomene dieser Zeit laden immer mehr Menschen dazu ein, sich mehr und neue Gedanken über das Leben an sich zu machen. Wenn das alte Leben wegbricht oder einfach nicht mehr da ist, stellen sich existenzielle Fragen. Es gibt kein Ausweichen oder Verschieben mehr! Antworten werden verlangt und benötigt.

Was ist der tiefere Sinn des Ganzen? Wer dieser Frage wirklich auf den Grund gehen möchte, der wird überraschende und beglückende Antworten erhalten. Ich habe dies immer wieder selbst erlebt:

Die Schöpfung, der Schöpfer, Gott oder die Göttin, wie immer du diese bezeichnen möchtest, haben mir geantwortet und immer geholfen.

Nicht nur spirituelle Nöte, sondern insbesondere handfeste irdische Krisen, wo es manchmal um „Leben und Tod" ging, wurden auf wundersame Weise gelöst. Ich habe die Erfahrung gemacht: Je existenzieller eine Krise ist, umso mehr Chancen zum inneren Wachstum findet man vor.

Was die meisten Menschen in ihrem Leben gerne übersehen, ist GOTT.

Wo der spirituelle Bezug zum Leben fehlt, ist es schwer, mit den Unebenheiten des Lebens zurechtzukommen. Wer aus ganzem Herzen Gott bittet, wird Lösungen erhalten! *„Bittet, so wird euch gegeben; suchet, so werdet ihr finden; klopfet an, so wird euch aufgetan."* (Bibel, Lukas 11,9). So ist es!

GOTT IST EIN PRAKTIKER

So schwer das für manche auch ist: Heute, während die halbe Menschheit vor Angst zittert, da eine unheimliche Angstpropaganda den Globus erfasst hat, finden wir die besten Bedingungen vor, um uns für das Transzendente zu öffnen.

Jetzt können wir die Entscheidung für das Gottvertrauen und die Liebe treffen, denn jetzt ist diese Entscheidung dringlich – manchmal hängt das Überleben davon ab!

Gott ist ein Praktiker und hilft dir in jeder Lage. Gott mischt sich in dein Leben ein!

Du musst es nur wollen und wirklich erlauben – das entzieht sich den Meisten bisher.

Je tiefer dein Verständnis für die Einheit des Menschen mit Gott ist, umso leichter kannst du eigene Krisen meistern und umso schneller wird die Menschheitskrise überwunden sein:

- Dein unendliches Bewusstsein weiß es, dein endliches Bewusstsein steht dir gerne im Weg.
- Deine tiefe innere Verbindung mit Gott führt dazu, dass du die Dinge anders wahrnimmst. Auf diese Weise zeigst du dich der Hilfe des Himmels würdig.
- Deine tiefe innere Verbindung mit Gott bringt dir nicht nur Seelenfrieden, sondern sie hebt dich aus dieser Zeit heraus und lässt dich die Dinge in einem erweiterten Zusammenhang verstehen.

Deine tiefe innere Verbindung mit Gott gibt dir die Antworten, die du jetzt für dein Leben brauchst.

II

Der Lehrer

1 Falls du meinst: „Ich kenne das Selbst“, kennst du es nicht. Seine äußerliche Form – das ist alles, was du sehen kannst. Mach daher weiter mit deiner Meditation.

Der Schüler
2 Ich meine nicht, dass ich das Selbst kenne, noch kann ich sagen, dass ich es nicht kenne.
Der Lehrer
Es gibt nur einen einzigen Weg, das Selbst zu kennen, und der besteht darin, dass du es selbst realisierst.
3 Die Unwissenden meinen, dass das Selbst vom Verstand erkannt werden kann, aber die Erleuchteten wissen, dass es jenseits der Dualität von Erkenner und Erkanntem ist.
4 Das Selbst wird in einem höheren Zustand des Bewusstseins realisiert, wenn du die irrige Identifikation durchbrochen hast, du seist der Körper, seist Geburt und Tod unterworfen.
Das Selbst zu sein, bedeutet, über den Tod hinauszugehen.
Realisiere das Selbst, das leuchtende Ziel des Lebens!
Tust du dies nicht, dann herrscht nur Dunkelheit.
Sieh das Selbst in allem und geh über den Tod hinaus."[36] (Die Upanischaden)

Gehe über den Tod hinaus und du wirst leben. Über den Tod hinauszugehen, heißt, die Identifikation mit den menschlichen Begrenzungen aufzugeben.

„Mach daher weiter mit der Meditation."

BEWUSSTSEIN SPRENGT MATRIX

Du bist göttliches Bewusstsein – verkörpert auf der Erde.

Du machst eine Erfahrung als Mensch und bleibst so lange im Kreislauf der Wiedergeburt, bis du realisierst, dass weder die Ängste vor dem Tod noch die Ängste vor dem Leben real sind.

Mit deinem Bewusstsein sprengst du die Matrix und du erreichst das leuchtende Ziel deiner Vollendung – in Gott.

RÂBIA VON BASRA (714, 717 oder 718 – 801 n. Chr.), die große weltabgewandte Sufi-Mystikerin lehrte die reine Gottesliebe. Man solle Gott weder aus Furcht vor der Hölle noch aus Hoffnung auf das Paradies anbeten, sondern einzig und allein um SEINER unendlichen Schönheit willen. Râbia lebte sehr zurückgezogen und verließ selten das Haus. Eines Tages kam jemand an ihrem Fenster vorbei und rief hinein: *„Râbia! Komm heraus, damit ich dir die Schönheit der Schöpfung zeige!"* Da sagte sie: *„Komm du lieber herein, damit du die Schönheit des Schöpfers in dir selber sehen kannst."*

Du bist angekommen und eins mit Gott – du bist unendliches Bewusstsein.

EPILOG

SANAT KUMARA

Geliebter Mensch,

dir wurden Flügel angemessen und dir wurde mit diesem Buch ein geistiges Rüstzeug für diese Tage, Wochen und Monate übergeben.

Lebe dein Leben! Liebe dein Leben und gestalte es nach deinen inneren Entwürfen! Deine Seele ist der Architekt deines Lebens. Ihrem Ruf zu folgen, bringt Glück und Gelassenheit.

Die größten Schwierigkeiten in einem Leben treten dann auf, wenn ein Mensch neben seiner Lebensspur geht. Er lebt nicht das Leben, das er sich vorgenommen hat zu leben. Er imitiert, kopiert, ahmt nach und entfernt sich immer mehr von sich selbst. Das bringt weder Frieden noch Freude.

Dieses Buch hat das Licht auf die Aspekte deines Lebens gelenkt, die der Freude womöglich noch im Wege stehen, Aspekte, die jetzt das Licht brauchen, damit sie gesehen werden können.

Sobald du in Einklang mit dir selbst und in Harmonie mit deinen himmlischen Aufträgen lebst, entspannst du dich und du wirst auf natürliche Weise gelassen.

Das außen hat keine Macht mehr über dich, denn du bist innerlich orientiert – und wer innerlich orientiert ist, braucht keinen Kompass.

Deshalb ist die Erkenntnis vom Sinn deines Lebens und von der Herkunft deiner Seele so essenziell. Hast du das Gefühl, dass du richtig bist, dass du wichtig bist, dass du unverzichtbar bist für die Menschen, die dich lieben und die du liebst? Hast du das Gefühl, dass du zur rechten Zeit und am richtigen Ort in dieses Leben eingestiegen bist? Hast du das Gefühl, dass dir das Leben gut gesinnt ist und dass Gott in deinem Leben gegenwärtig ist?

Was ist dein Seelenplan also? Hast du ihn schon erkannt oder suchst du noch danach?

Stelle dir die einfache Frage: Ist das, was ich jetzt mache, richtig? Fühlt sich das, womit ich mich jetzt beschäftige, gut an? Stimmt mein Leben mit meinen Gedanken und Worten überein!

Fühlt sich in deinem Leben irgendetwas unnatürlich an, so, als stünde es nicht am richtigen Platz? Dann bitte um die notwendigen Veränderungen und Umstellungen.

Damit sind wir wieder bei GOTT angelangt – dem GROSSEN EINEN, der URQUELLE ALLEN SEINS.

Mit Gott beginnt dein Leben und es findet seine Fortsetzung in den Reichen des Lichts. Ist Gott in deinem Leben, dann hast du alles.

Die Einladung an Gott kannst nur du aussprechen und womöglich ist jetzt die Zeit dafür gekommen.

Der Himmel wird auf der Erde erschaffen – durch Menschen, die glücklich sind und die Liebe im Herzen tragen. Der Himmel wird auf der Erde erschaffen – durch Menschen, die ihr Leben leben und nicht länger auf Zuspruch oder Ablehnung angewiesen sind.

Das ist wahre Freiheit – zu leben mit dem inneren Kompass und unabhängig zu sein von Meinungen und Glaubenssätzen!

Dieses Buch hat dich ermutigt und ermuntert. Den eigenen Lebensweg ohne falsche Rücksichtnahme zu gehen, ist nicht nur möglich, sondern ureigenes Bestreben eines jeden Menschen – du musst es nur versuchen, wieder und wieder versuchen, so lange, bis es dir glückt!

Tue nur das, was für dich richtig und stimmig ist! Gehe deinen eigenen Weg! Sei keine Kopie von etwas, sondern werde du selbst. Hast du das gemeistert, fallen die Sorgen von dir ab und von deinen Schultern lösen sich ganze Berge.

Benötigst du Hilfe – sprich mit Gott. Suchst du nach Antworten – du findest sie in dir. Weißt du nicht mehr weiter – lass alles los und lass dich ganz auf Gott ein. Das ist Glück: zu leben, ohne zu bereuen – und zu lieben ohne Grenzen.

So gehe hin! Liebe und lebe dein Leben, denn der Himmel auf Erden entsteht durch Menschen wie dich!

SANAT KUMARA

ZITATE

1 https://www.hafawo.at/hafawo-top-10-ecke/sei-beruechtigt-unsere-top-10-zitate-des-sufi-mystikers-rumi/

2 https://zitatezumnachdenken.com/osho/1632

3 https://www.sasserlone.de/zitat/3627/khalil.gibran/

4 https://www.aphorismen.de/zitat/64600

5 https://zitatezumnachdenken.com/osho/10665

6 https://www.medienwerkstatt-online.de/lws_wissen/vorlagen/showcard.php?id=4192&edit=0

7 https://gutezitate.com/zitat/199967

8 Glück ist, was du daraus machst, S.33, COPPENRATH, Weisheit aus China

9 https://www.pinterest.co.uk/pin/596023950467937l8/

10 https://zitatezumnachdenken.com/osho/43

11 https://magazin.sofatutor.com/schueler/immer-nah-die-24-schoensten-zitate-ueber-freundschaft/

12 https://www.aphorismen.de/zitat/1572

13 Glück ist, was du daraus machst, Coppenrath, S.149 ff.

14 Die ewige Suche des Menschen, Self-Realization Fellowship, S. 420

15 https://wiki.yoga-vidya.de/Nasruddin

16 https://wiki.yoga-vidya.de/Nasruddin

17 http://www.schule-der-wertschaetzung.at/wp-content/uploads/2010/04/als-ich-mich-selbst-zu-lieben-begann.pdf

18 https://zitatezumnachdenken.com/rumi/195

19 https://zitatezumnachdenken.com/rumi/241

20 Osho, Empathie, Innenwelt Verlag, S.129 ff.

21 https://beten-online.de/de/zentrale-gebete/grundgebete/gebet.5730.html

22 https://www.aphorismen.de/zitat/18832

23 https://www.deutschelyrik.de/ich-lebe-mein-leben.html

24 Verbinde dich mit deiner inneren Kraft, Taschenbuch, Verlag Via Nova, S.120

25 Glück ist, was du daraus machst, Coppenrath, S.126

26 https://www.aphorismen.de/zitat/84361

27 https://www.goodreads.com/quotes/543386-es-gibt-zwei-arten-sein-leben-zu-leben-entweder-so

28 https://zitate.woxikon.de/fehler/767-dietrich-bonhoeffer-den-groessten-fehler-den-man-im-leben-machen-kann-ist-immer-angst-zu-haben-einen-fehler-zu-machen

29 https://www.aphorismen.de/zitat/18832

30 Worte von Paramahansa Yogananda, Self-Realization Fellowship, S.42

31 Rumi, Von allem und von einen, Diederichs Gelbe Reihe, S.356

32 Osho Empathie, Innenwelt Verlag, S. 83 ff.

33 Jesus und Sai Baba, Govinda Sai Verlag, S. 149 ff.

34 Worte von Paramahansa Yogananda, Self-Realization Fellowship, S.42

35 Die Upanischaden, eingeleitet und übersetzt von Eknath Easwaran, Goldmann, S. 99 ff.

36 Die Upanischaden, eingeleitet und übersetzt von Eknath Easwaran, Goldmann, S.101

PUBLIKATIONEN JAHN J KASSL

ERLÖSUNG
Lichtwelt Verlag, gebundene Ausgabe (2020)

SANANDA OFFENBARUNGEN – TEIL I
Lichtwelt Verlag, gebundene Ausgabe (2020), eBook (2010)

ENTSCHEIDENDE JAHRE DER MENSCHHEIT
Lichtwelt Verlag, gebundene Ausgabe (2020)

DU BIST BEHÜTET
Lichtwelt Verlag, gebundene Ausgabe (2019)

LICHTSPUR IN DAS GOLDENE ZEITALTER
Lichtwelt Verlag, gebundene Ausgabe (2019)

SPRACHE DER SEELE – 13 SCHLÜSSEL DES LEBENS
Lichtwelt Verlag, gebundene Ausgabe (2019), eBook (2011)

WANDEL DER HERZEN
Lichtwelt Verlag, gebundene Ausgabe (2018)

ATMAR – JENSEITS ALLER KONZEPTE
Lichtwelt Verlag, gebundene Ausgabe (2018)

KURS ZUR FREIHEIT – BABAJI
Lichtwelt Verlag, gebundene Ausgabe (2018), eBook (2012)

IM ZEICHEN DES WANDELS
Lichtwelt Verlag, gebundene Ausgabe (2018)

JETZT BIST DU DA – TAGEBUCH EINES ERWACHENS
GESPRÄCHE MIT JESUS SANANDA
Lichtwelt Verlag, gebundene Ausgabe (2017)

KURS IM KREIEREN – PAUL DER VENEZIANER
Lichtwelt Verlag, gebundene Ausgabe (2017), eBook (2012)

DIE ERDE WIRD NICHT ZERSTÖRT!
Lichtwelt Verlag, gebundene Ausgabe (2017)

30 TORE ZUR ERLEUCHTUNG
Lichtwelt Verlag, gebundene Ausgabe (2017), eBook (2012)

ES WIRD STILL AUF DIESER WELT
Lichtwelt Verlag, gebundene Ausgabe (2016)

DIE JESUS BIOGRAFIE - TEIL I
Lichtwelt Verlag, gebundene Ausgabe 3. Auflage (2015), eBook (2010)

DIE GROSSE ZEIT IST GEKOMMEN
Lichtwelt Verlag, gebundene Ausgabe (2015)

KRISTALLWÜRFEL DES AUFSTIEGS - MIT ARBEITSBUCH
Lichtwelt Verlag, Sondereinband (2015)

LICHT I - HEILUNG DURCH GOTT
Lichtwelt Verlag, gebundene Ausgabe 2. Auflage (2018), eBook (2011)

ELIJA PROPHEZEIUNGEN 49 - 65,
FÜR ALLE 4D-WELTEN BIS IN DAS JAHR 3000
Lichtwelt Verlag, eBook (2014)

TELOS, WILLKOMMEN IN AGARTHA
Lichtwelt Verlag, gebundene Ausgabe (2020, 2015, 2014), eBook (2015)

LEBEN
Lichtwelt Verlag, gebundene Ausgabe (2021, 2013), eBook (2014)

ELIJA PROPHEZEIUNGEN 1-48
Lichtwelt Verlag, eBook (2013)

TROMMELSCHLAG DES SCHÖPFERS
Lichtwelt Verlag, eBook (2013)

OFFENBARUNGEN SANANDA - TEIL II
Lichtwelt Verlag, eBook (2012)

DER LICHTNAHRUNGSPROZESS - GRENZERFAHRUNG IN 21 TAGEN
Lichtwelt Verlag, eBook (2011)

DIE JESUS BIOGRAFIE - TEIL II
Lichtwelt Verlag, gebundene Ausgabe (2011), eBook (2010)

2026 OFFENBARUNGEN GOTTES
Lichtwelt Verlag, gebundene Ausgabe (2011), eBook (2010)

LICHT II
Lichtwelt Verlag, gebundene Ausgabe (2009), eBook (2010)

Alle Titel erhältlich im Lichtwelt Verlag - www.lichtweltverlag.at

BÜCHER VON JAHN J KASSL

JAHN J KASSL

ERLÖSUNG

Die Lage auf unserer Erde verändert sich in einer atemberaubenden Geschwindigkeit. „Warum das alles?"

Auf der Suche nach Antworten reichen herkömmliche Erklärungsmodelle oft nicht mehr aus. Es ist einfach zu wenig, die Verwerfungen von jenen erklärt zu bekommen, die dafür verantwortlich sind. Die Menschen sind auf der Suche und es werden immer mehr. Auch Menschen, die mit Spiritualität bisher wenig anzufangen wussten, öffnen sich dafür und immer mehr Menschen beginnen den Sinn dieses Zeitgeschehens zu begreifen.

Das Dunkle bricht hervor, damit es gehen kann – und nicht – weil es uns vernichten soll! Dieses Verständnis wird in diesem Buch gegeben, denn es ist entscheidend, dass wir den Ereignissen dieser Zeit den wahren Wert abgewinnen.

„ERLÖSUNG" ist somit nicht nur der Titel dieses Buches, sondern ist der rote Faden in den 28 Gesprächen bzw. Botschaften in diesem 9. Band der Meisterdialoge.

Haben Sie ERLÖSUNG gefunden, wenn Sie dieses Buch gelesen haben? Nein! Denn kein Buch vermag Ihnen zu geben, was sie schon haben. Alles befindet sich in uns! Und indem wir es aus unserer Seele empor ans Licht heben, finden wir ERLÖSUNG.

JAHN J KASSL
MEISTERDIALOGE 9
ERLÖSUNG
LICHTWELT
VERLAG

JAHN J KASSL

SANANDA OFFENBARUNGEN 1

Das Zeitenende naht und meinen Aufträgen gemäß gebe ich heute dieses Buch, die Offenbarungen, für diese neue Zeit – das Wissen für eine neue Epoche, die nun beginnt. Wie sind die Zeichen der Zeit zu deuten und wie ist das zu verstehen, was seit Jahren durch viele Kanäle auf die Erde gebracht wird? Es ist an der Zeit, die Verwirrungen, die mancherorts entstanden sind, aufzuklären und die Irrtümer am geistigen Pfad zu benennen. Nicht alles, was zu euch gelangt, hat den Wert, wie es scheint. Bisher hatten diese Informationen Berechtigung und Sinn, doch nun ist die Zeit angebrochen, um sich von diesen „GEH-HILFEN" zu verabschieden. Ein erwachtes Bewusstsein ist ganz mit der göttlichen Quelle verbunden und bezieht alles Wissen direkt daraus. Dieses Buch räumt auf, rückt zurecht und gibt den Blick frei auf die Ereignisse, die der Menschheit nun bevorstehen. Eine wahrlich große Zeit ist angebrochen, und ich, JESUS SANANDA, bin mitten unter euch, denn meine Wiederkunft hat sich erfüllt. Weder werdet ihr stürzen noch fallen – ihr werdet euch erheben und zu wahren Göttern heranwachsen. Die göttliche Ordnung wird auf Erden wiederhergestellt und das Licht setzt sich weltumspannend durch. Damit ist die erste Offenbarung gegeben: DAS LICHT SIEGT!

Ein Beschluss Gottes – und so geschieht es.

378 Seiten, 11,7 x 16,2 cm, Taschenbuch, ISBN 978-3-9504748-3-1
22 EUR inkl. MwSt. zzgl. Versand

JAHN J KASSL
SANANDA
OFFENBARUNGEN 1
LICHTWELT
VERLAG

JAHN J KASSL

ENTSCHEIDENDE JAHRE DER MENSCHHEIT

DIE ZUKUNFT LIEGT IN UNSERER HAND

Es ist nicht zu leugnen: Die Menschheit befindet sich am Scheideweg! Entweder schaffen wir den positiven Umbruch und die Umkehr in das Licht – oder wir fahren mit Vollgas an die Wand. Noch nie zuvor in der Menschheitsgeschichte standen solch große Entscheidungen an und noch nie zuvor boten sich dem einzelnen Menschen so viele Gelegenheiten, sich selbst zu befreien und aus dem Schlamassel zu ziehen. Auf der Oberen Erde nehmen die Manipulationen derart zu, sodass es für den einzelnen Menschen heute kaum möglich ist, den Durchblick zu behalten. Eine kleine Elite setzt sich über alles hinweg und führt diese Menschheit in die totale Abhängigkeit, Verwirrung, Überwachung und Kontrolle. Im Sog der Corona-Krise werden diktatorische Maßnahmen – wie Ausgangssperren und Überwachung mittels Drohnen – beschlossen und umgesetzt. Auch am Beispiel von 5G ist dies eindrucksvoll verdeutlicht – und die meisten Menschen haben nicht einmal die leiseste Ahnung davon, was mit ihnen geschieht. Jedoch – ich hege Zuversicht, denn auch wenn der Dampfer eindeutig in die falsche Richtung fährt, so gibt es immer noch genug Möglichkeiten für eine Kursänderung. Es kommt auf jeden von uns an!

Dieses Buch weist uns Wege aus der globalen und individuellen Krise! Was in den bisher 7 Bänden der Meisterdialoge beschrieben ist, findet hier eine umfangreiche Fortsetzung.

352 Seiten, 11,7 x 16,2 cm, Taschenbuch, ISBN 978-3-9504748-4-8
22 EUR inkl. MwSt. zzgl. Versand

JAHN J KASSL
MEISTERDIALOGE 8
ENTSCHEIDENDE JAHRE DER MENSCHHEIT
LICHTWELT VERLAG

JAHN J KASSL

DU BIST BEHÜTET

Dieser 7. Band der Meisterdialoge geht den aktuellen gesellschaftspolitischen Ereignissen auf den Grund und beleuchtet die spirituelle Dimension dahinter.

Die Themen im Einzelnen sind:

- Die Bedeutung der Feindesliebe
- Gibt es ein gesundes Ego?
- Der einzige Weg zum Weltfrieden
- Wird es einen 3. Weltkrieg geben? Ich nehme es vorweg: Nein. Es wird nichts dergleichen geben.
- Welche Rolle spielen Amerikas Donald Trump, Chinas Xi Jinping und Russlands Wladimir Putin im großen Plan?
- Sind alle Reptiloiden schlecht und hat David Icke recht?
- Werden Außerirdische oder Innerirdische auf der Oberen Erde intervenieren oder tun sie dies bereits?
- Was hat es mit dem Clan auf sich und welche Bedeutung kommt den Tieren zu?
- Wie erreichen wir Fülle und ausreichend Geld?
- Welche Art von „Druck“ übt die Quelle jetzt aus und was hat das mit unserer Transformation zu tun?

„Du bist behütet“ ist nicht nur ein feinsinniger Titel, sondern ist das Programm der geistigen Welt für jene Menschen, die sich ganz unter IHREN Schutz stellen und die gleichzeitig mutig ihre Aufträge leben wollen.

236 Seiten, 11,7 x 16,2 cm, Taschenbuch, ISBN 978-3-9504748-2-4
21 EUR inkl. MwSt. zzgl. Versand

JAHN J KASSL
MEISTERDIALOGE 7
DU BIST
BEHÜTET
LICHTWELT
VERLAG

JAHN J KASSL

MEISTERDIALOGE 6

LICHTSPUR IN DAS GOLDENE ZEITALTER

LICHTWELT
VERLAG

JAHN J KASSL

SPRACHE DER SEELE

Dieses Buch ist ein direkter und einfacher Wegweiser durch das Leben und ein wunderbarer Wegbereiter zu Gott. In klaren und einfachen Bildern, Beispielen, Anrufungen, Gebeten, Selbstermächtigungen und Botschaften erhalten Sie das Geschenk dieser Zeit. Die dreizehn Schlüssel des Lebens öffnen jede Tür, so Sie sich dafür öffnen, die alten Konzepte aufzugeben und das Komplizierte abzulegen. So Sie bereit sind, einfach, klar und wahrhaftig den Weg der Liebe zu gehen, dann halten Sie hier die Schlüssel in der Hand.

Dieses Buch lädt Sie ein, die Lasten der Vergangenheit abzustreifen, mit sich selbst Frieden zu schließen und mit leichtem Gepäck weiterzureisen – und Tür für Tür offenbart sich Ihnen GOTT. Gott ist einfach, die Wahrheit ist einfach, das Leben ist einfach. Ihr Herz findet Erfüllung, Ihr Geist geht ein ins Friedensreich und Ihre Seele erlangt die Erleuchtung.

Die Sprache der Seele verstehen, heißt sich selbst verstehen und die 13 Schlüssel des Lebens bewirken das und führen Sie heim.

144 Seiten, 11,7 x 16,2 cm, Taschenbuch, ISBN 978-3-9503586-9-8
19 EUR inkl. MwSt. zzgl. Versand

JAHN J KASSL
SPRACHE DER SEELE
LICHTWELT
VERLAG

JAHN J KASSL

WANDEL DER HERZEN

Ist der Aufstieg ein Ereignis, das die Menschen mit Raumschiffen in höhere Dimensionen des Seins bringt? Werden wir weg gebeamt oder geht es um etwas ganz anderes? Dieses Thema ist der Leitfaden und begleitet den Leser durch das ganze Buch.

Weitere brisante Inhalte:

- Ist das Wissen über Vorleben für den Einzelnen Menschen relevant?
- Wie können wir der energetischen Verseuchung begegnen?
- Ist der Wunsch, helfen zu wollen, berechtigt?
- Wie wird Erleuchtung erlangt und warum dauert es so lange? Sind spirituelle Übungen dafür notwendig?
- Ist Gewalt immer abzulehnen und gibt es auf 5D, wo viele Menschen hinwollen (Aufstieg), sogar negative Wesen?

„Etwas Großes beginnt!", verkündet uns SANANDA im letzten Kapitel des Buches: *„Erde, Wasser, Feuer, Luft und Äther kommen auf eine für die Menschen bisher unbekannte Weise in Bewegung.* (...)

260 Seiten, 11,7 x 16,2 cm, Taschenbuch, ISBN 978-3-9503586-8-1
22 EUR inkl. MwSt. zzgl. Versand

JAHN J KASSL

MEISTERDIALOGE 5

WANDEL DER HERZEN

LICHTWELT
VERLAG

JAHN J KASSL

ATMAR

JENSEITES ALLER KONZEPTE

ATMAR ist höchstes göttliches Bewusstsein und führt uns ohne Umwege zu Gott. Wer bereit ist für einen direkten Pfad, wird jede Zeile dieses Buches als großes Geschenk und Segen erfahren. Lesen Sie hinein, wie es sich anspürt ohne Umschweife die Treppen der Erkenntnis emporzusteigen.

Jenseits des Weges existiert Gott:
Der Weg selbst ist weder das Ziel noch die Bestimmung.

Der Weg zu Gott ist einfach, so man alle Konzepte aufgibt. So man selbst das „Konzept des Weges" aufgibt. Denn es braucht keinen Weg, um IHN zu erlangen. Es braucht nur die augenblickliche Erkenntnis – ohne Weg, ohne Tun, ohne die Meilenstiefel, die euch angemessen wurden, damit ihr dieser Illusion begegnen konntet. Was für ein Weg soll es sein, der zu Gott führt? Das würde bedeuten, ihr befindet euch da (am Weg) und Gott ist dort (am Ende des Weges).

Ein Irrtum! So ist es. Denn Gott erlangt man ohne einen Weg, den ihr beschreiten müsst – das ist ein Konzept der Religionen, die davon wenig Ahnung haben und kaum Wissen.
Das Geheimnis ist einfach: IHR SELBST SEID DER WEG!

128 Seiten, 11,7 x 16,2 cm, Taschenbuch, ISBN 978-3-9503586-7-4
19 EUR inkl. MwSt. zzgl. Versand

JAHN J KASSL

ATMAR

JENSEITS ALLER KONZEPTE

LICHTWELT
VERLAG

JAHN J KASSL

KURS ZUR FREIHEIT

Kein Stein bleibt auf dem anderen, und die göttliche Ordnung in dir wird wiederhergestellt.

Der „Kurs zur Freiheit" verändert dein Leben. Sobald BABAJI in dein Leben tritt, wird alles ganz; Halbheiten und Kompromisse enden. Was in Haidakhan *(der Ort in Nordindien, an dem BABAJI von 1970-1984 menschliche Gestalt annahm und wirkte; höchstheiliger universeller Ort, Anm. JJK)* seinen Ausgang nahm, findet hier die Fortsetzung.

Der „Kurs zur Freiheit" ist die Einladung für dich, den Weg zur Quelle, in meiner Obhut zu gehen. Erwählst du dies, dann bin ich da und weiche niemals mehr von deiner Seite. Danach bist du neugeboren, denn danach haben alle Steine, die schwer in deinem Wesen lasten, ihren neuen Bestimmungsort gefunden und du bist frei. Gott ist groß, der ich bin BABAJI – und wir sind eins.

Ich komme zu jenen Menschen, die mich voller Sehnsucht rufen und mit reinem Herzen suchen. Sei dir bewusst.

87 Seiten, 11,7 x 16,2 cm, Taschenbuch, ISBN 978-3-9503586-6-7
17 EUR inkl. MwSt. zzgl. Versand

JAHN J KASSL

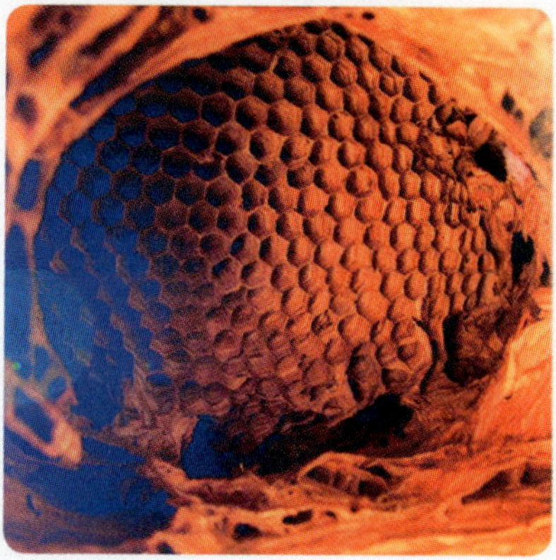

KURS ZUR FREIHEIT

LICHTWELT
VERLAG

JAHN J KASSL

IM ZEICHEN DES WANDELS

Dieses Buch ist die aktuelle Bestandsaufnahme dieser Zeit und lässt jene Menschen, die die Hoffnung auf eine bessere Welt verlieren, neue Zuversicht schöpfen.

Die Veränderungen auf der Erde sind unübersehbar! Dennoch hat sich bei vielen Menschen eine gewisse „Transformations- und Aufstiegsmüdigkeit" eingestellt.

Die aktuelle Lage stellt sich für mich verkürzt wie folgt dar: Während die Menschen auf unterschiedliche Weise mit den aktuellen Veränderungen umgehen, setzt sich der Umbau der Erde ungemindert fort. In diese Dynamik leuchtet dieses Buch hinein. In 28 Gesprächen mit den Erzengeln und den Aufgestiegenen Meistern wird Licht in Angelegenheiten, die uns alle betreffen, gebracht.

Das Buch zeigt auf, dass wir keinen Grund haben, vom eingeschlagenen Weg des Lichts abzurücken – nur weil sich manche Ereignisse nicht wie erwartet einstellen. Die Parole dieser Tage kann nur lauten: raus aus der Opferrolle und hinein in die Eigenverantwortung. Denn es ereignet sich. Der Umbau der Erde findet jetzt statt und diese Zeit steht unwiderruflich – im Zeichen des Wandels.

JAHN J KASSL
MEISTERDIALOGE 4
IM ZEICHEN DES WANDELS
LICHTWELT VERLAG

JAHN J KASSL
JETZT BIST DU DA

Dieses „Tagebuch eines Erwachens“ umfasst einen Zeitraum von 38 Tagen und ist ein zutiefst ehrlicher Bericht einer spirituellen Wandlung, an deren Ende die konstante Anbindung an das Licht Gottes steht. Während dieser Zeit im Sommer 2007 stand mir Jesus Sananda täglich 24 Stunden bei. Es war die Zeit, in der ich schließlich Gottvertrauen erlangte und in der sich für mich der Schleier zwischen Himmel und Erde für immer hob.

„JETZT BIST DU DA“ geht jedoch weit über meine eigene Transformation hinaus, denn es enthält eine Fülle von Botschaften für die ganze Menschheit. Manches erhält rückblickend eine neue Bedeutung und so ist dieses Buch auch ein spannendes Werk spiritueller Zeitgeschichte. Und schließlich das Wichtigste: Jesus lädt durch dieses Buch auch dich ein, dein Gespräch mit IHM zu beginnen.

Für mich waren diese 38 Tage das bis dahin größte Geschenk meines Lebens – und dass ich heute, 10 Jahre später, dieses Geschenk weiterreichen darf, erfüllt mich mit großer Freude.

JAHN J KASSL
TAGEBUCH EINES ERWACHENS
JETZT BIST DU DA
LICHTWELT
VERLAG

JAHN J KASSL

KURS IM KREIEREN

Der „Kurs im Kreieren" ist der Fahrplan für ein erfülltes Dasein und zu einem Leben in der Fülle Gottes.

Weshalb ist die „Fülle" für die meisten Menschen bis heute nur ein Wort? Wie können wir unsere Schöpferkraft entfalten und sie zum Wohle aller anwenden? Auf diese oder ähnlich lautende Fragen, die für immer mehr Menschen an Bedeutung gewinnen, gibt dieses Buch eine praktische Antwort, indem es Sie „Fülle" in 72 Übungsschritten selbst erfahren lässt.

Die große Zeit ist, wie im gleichnamigen Buch (DIE GROSSE ZEIT IST GEKOMMEN, Edition Meisterdialoge 1) umfassend beschrieben, wahrlich da. Für den Einzelnen bedeutet dies: Die Wiederentdeckung seiner geistigen Fähigkeiten und die positive Anwendung derselben.

Machen wir uns also an die Arbeit, denn das Himmelreich ist nicht außerhalb, sondern innerhalb von uns. Der Kurs, der uns dabei unterstützt und fördert, liegt nun vor.

101 Seiten, 11,7 x 16,2 cm, Taschenbuch, ISBN 978-3-9503586-2-9
16,80 EUR inkl. MwSt. zzgl. Versand

JAHN J KASSL
KURS
IM
KREIEREN
LICHTWELT
VERLAG

JAHN J KASSL

DIE ERDE WIRD NICHT ZERSTÖRT!

Was dürfen wir erwarten, und was kommt auf uns wirklich zu? Fragen, die bereits in den zwei Bänden der Meisterdialoge 1 (»DIE GROSSE ZEIT IST GEKOMMEN«) und 2 (»ES WIRD STILL AUF DIESER WELT«) besprochen wurden und die sich heute auf zwei Szenarien verdichten lassen: »Weltuntergang« oder »Aufstieg«? Und was geschieht bis dahin? Damit beschäftigt sich dieses Buch und darauf geben die Gespräche mit den Aufgestiegenen Meistern Antworten. Die Themen, die in diesem Werk besprochen werden, treffen den Puls der Zeit und durften von mir, stellvertretend für viele Menschen, den Meistern vorgelegt werden: Archonten, Baal-Satan-Verehrung, RFID-CHIP, Transhumanismus, Völkerwanderung nach Europa, Organspende, bedingungsloses Grundeinkommen, Fremdbesetzungen, unsere Kinder..., sind nur einige der Themen, die hier zur Sprache kommen. Zusätzlich, und darin liegt der »praktische Wert« dieses Buches, bieten die Aufgestiegenen Meister SANANDA, LADY NADA, ASANA MAHATARI, SANAT KUMARA und SAI BABA ganz konkrete Hilfestellungen für unseren Alltag und wie wir mit den Energien und Entladungen dieser Zeit umgehen können.

Alles befindet sich im Wandel und die Erde verändert ihr Gesicht. Doch sie bleibt bestehen! »Ihr seid beschützt und die Erde wird nicht zerstört.« (Sananda)

304 Seiten, 11,7 x 16,2 cm, Taschenbuch, ISBN 978-3-9503586-1-2
22 EUR inkl. MwSt. zzgl. Versand

JAHN J KASSL
MEISTERDIALOGE 3
DIE ERDE
WIRD NICHT
ZERSTÖRT!
LICHTWELT
VERLAG

JAHN J KASSL

30 TORE ZUR ERLEUCHTUNG

Dieses Buch ist Ihr Begleiter durch diese Zeit und ebnet Ihnen den Weg in die Meisterschaft. Stehen Sie vor einer wichtigen Entscheidung, verlangt eine Frage nach dringlicher Antwort? Dieses Buch lässt Ihnen, durch das „zufällige" Aufschlagen einer Seite die Antwort zukommen.

Dieses Werk kann als „Orakel", als Medium eingesetzt werden, damit Sie durch Anrufungen, Übungen oder Verfügungen in unterschiedlichen Lebenslagen Klarheit erhalten. Begleitet werden Sie dabei von Meister St. Germain, Jesus Sananda, Babaji, Kryon, Serapis Bey, Lord Krishna, Lord Maitraya, Meister Hilarion und dem kosmischen Logos ATOS TU NAH'.

Es ist DAS „Buch der Transformation" und begleitet Sie durch die letzten Tore der Erkenntnis. Sie können sicher sein, dass sich die nötigen Wachstumsschritte, die Ihnen dieses Buch am Wege zur Erleuchtung bietet, äußerst zielgerichtet einstellen.

Die Zeit der Ernte ist auch für Sie gekommen. „30 TORE ZUR ERLEUCHTUNG" ist das Buch für Meister, also das Buch für Sie!

JAHN J KASSL
30 TORE
ZUR
ERLEUCHTUNG
LICHTWELT
VERLAG

JAHN J KASSL

ES WIRD STILL AUF DIESER WELT

Welche Revolution ist jetzt notwendig? Wie können wir kämpfen? Was geschieht, ehe das große Ereignis alles verändert? Ist eine göttliche Intervention zu erwarten? Wie ist aus spiritueller Sicht mit dem "Nationalgefühl" umzugehen und ist es berechtigt? Gibt es Krieg in Europa oder kommt alles anders? Ist die Einheit aller Menschen nur eine Utopie und unser Aufstieg eine Illusion? Darauf und auf viele weitere Fragen bietet dieses Buch Antworten. In 16 Gesprächen mit Paramahansa Yogananda, Sananda, Babaji, Mutter Maria, Gott, Sai Baba, Meister Kuthumi, Asana Mahatari und Lady Nada werden uns die Zusammenhänge der jetzt die "Not" wendenden Ereignisse enthüllt. Dabei legen wir Ängste ab und gewinnen Zuversicht.

"Diese Welt wird Ruhe und die Menschheit wird Frieden finden. Das ist der Menschheit vom Himmel versprochen, das wird durch die Ausrichtung vieler Menschen begünstigt und durch den Willen einzelner Menschen erwirkt." (Sai Baba)

194 Seiten, 11,7 x 16,2 cm, Taschenbuch, ISBN 978-3-9503586-0-5
22 EUR inkl. MwSt. zzgl. Versand

MEISTERDIALOGE 2

JAHN J KASSL

ES WIRD STILL AUF DIESER WELT

LICHTWELT
VERLAG

JAHN J KASSL

DIE JESUS BIOGRAFIE

MEIN LEBEN AUF ERDEN, TEIL 1

Dieses Buch entfernt das Kreuz aus deinem Leben!
Frei von Erfindungen und Manipulationen erfahren sie in diesem Werk die Wahrheit über das Leben Jesu.

- Wie und wo verbrachte Jesus seine Kindheit?
- Warum wurde Johannes der Täufer wirklich getötet?
- Wer war Maria Magdalena?
- Wie verwandelte sich Wasser in Wein?
- Was sättigte die fünf Tausend?
- Wie verstehen wir SEINE Botschaften?
- Wodurch erklärt sich das „Phänomen" der Stigmata?
- Was ereignete sich in jener Nacht, als Jesus verhaftet wurde, tatsächlich?
- Was hat es mit dem „Tod am Kreuz" auf sich?
- War das Grab leer?

Diesen und vielen anderen Antworten werdet ihr in diesem Buch begegnen – eine Begegnung, die Euer Leben verändern kann, denn ihr begegnet SEINER Kraft und SEINER ewigen Liebe zu den Menschen.

164 Seiten, 11,7 x 16,2 cm, Taschenbuch, ISBN 978-3-9504748-6-2
19 EUR inkl. MwSt. zzgl. Versand

JAHN J KASSL
JESUS
BIOGRAFIE 1
LICHTWELT
VERLAG

JAHN J KASSL

DIE GROSSE ZEIT IST GEKOMMEN

Was steht der Menschheit bevor und was ist im Gange? Verändert sich unser Planet? Wie sind die vielen Umbrüche, Konflikte und Kriege zu deuten?

Als böses Omen für den Untergang oder als Vorboten einer neuen lichtvollen Epoche? Aufstieg oder Abstieg der Menschheit? Was ist wahr und wo ist mein Platz in dieser Zeit? Eilt uns der Himmel zur Hilfe oder bleiben wir unserem Schicksal selbst überlassen? Heben sich die Schleier zwischen den Welten? Werden wir sehen woher wir kommen und wer wir wirklich sind?

"DIE GROSSE ZEIT IST GEKOMMEN" (Sananda): In diesem umfassenden Werk breitet sie sich in vielen Einzelheiten vor Ihnen aus. Abläufe und Einzelheiten, die den gegenwärtigen Prozess der planetaren wie individuellen Transformation betreffen, werden eingehend beschrieben und besprochen.

Vor allem aber finden Sie in diesem Buch Antworten auf Ihre Fragen. Dieses Werk ist eine Schatztruhe an klaren wie reinen, an wahrhaftigen und liebevollen Antworten zur "neuen Wirklichkeit" und dem aktuellen Zeitgeschehen.

„Tage voller Wunder, Wochen voller Wendungen und Monate einer neuen Wirklichkeit sind angebrochen." (Babaji)

JAHN J KASSL

MEISTERDIALOGE 1

DIE GROSSE ZEIT IST GEKOMMEN

LICHTWELT
VERLAG

JAHN J KASSL

LICHT 1 – HEILUNG DURCH GOTT

„Gegeben für alle Menschen, um Einheit, Frieden und Liebe bleibend auf der Erde zu verankern." (GOTT)

Dieses Buch bringt den Leser mit dem göttlichen Licht und der göttlichen Liebe in Berührung; Blockaden können weichen und Frieden in uns selbst entsteht.

Die Kapitel beleuchten jene Themen, die viele Menschen heute beschäftigen. Wie gehen wir mit Neid, Zorn, Hass, Gier, Enttäuschung oder mit Eifersucht um, und wie können wir Minderwertigkeit, Schuldgefühle, Verzweiflung, Trauer oder Ängste, transformieren und entfernen.

„... der sanfte Strahl des Lichts berührt dein Herz, und der Geist Gottes offenbart dir deine Schönheit." (GOTT)

„Durch diese Zeilen wirkt der Geist Gottes. Seite für Seite erhältst du die Möglichkeit, einen Blick auf deine Themen zu gewinnen – Themen, die jetzt einer Erlösung bedürfen. Durch deine aufrichtige Absicht beginnt das unfehlbare göttliche Licht zu arbeiten – während du liest und Seite für Seite dir begegnest." (GOTT)

„Licht 1 – Heilung durch Gott", ist ein Geschenk aus dem Ursprung allen Seins; direkt gegeben für Dich.

JAHN J KASSL
LICHT1
HEILUNG DURCH GOTT
LICHTWELT
VERLAG

JAHN J KASSL

TELOS

WILLKOMMEN IN AGARTHA

Werden wir aufsteigen oder bleibt alles wie bisher? Was ist Illusion, was ist Wirklichkeit? Haben die Propheten recht oder irren diese, da in der offensichtlichen Welt die Veränderungen spärlich sind, der angekündigte Wandel fern scheint und die innere wie äußere Befreiung der Menschheit auf unerträgliche Weise auf sich warten lassen? Kurz: Bleibt alles gleich oder wird alles anders?

Dieses Buch bietet klare Antworten auf diese existenziellen Fragen der Menschen und Antwort auf die "Zukunft" der Menschheit. "Telos - Willkommen in Agartha" ist der Schlüssel für Ihren Aufstieg.

254 Seiten, 11,7 x 16,2 cm, Taschenbuch, ISBN 978-3-9504748-1-7
19 EUR inkl. MwSt. zzgl. Versand

JAHN J KASSL
TELOS
WILLKOMMEN
IN AGARTHA
LICHTWELT
VERLAG

JAHN J KASSL

DIE JESUS BIOGRAFIE

MEIN LEBEN AUF ERDEN, TEIL 2

Fand das letzte Abendmahl tatsächlich statt? Wer war Judas? Gab es den Verrat an Jesus? Wie gestalteten sich die letzten Tage in Jerusalem? Adam und Eva, die Erweckung des Lazarus, Bergpredigt und das Vaterunser im von Jesus gegebenen Wortlaut. Jedoch auch auf die aktuelle Situation auf dem Planeten geht Jesus in diesem Band konkret ein. Kirche und Staat werden zur Umkehr aufgerufen, die Bedeutung der Taufe enthüllt, Bergpredigt und das Vaterunser frei von Einflüssen der katholischen Apologeten gegeben.

Dieser Band der Jesus Biografie ist aber weit mehr als die Fortsetzung von Teil I, sondern bringt ein Ausmaß von Liebe auf die Erde, das alles bisher Gewesene bei Weitem übertrifft. Die Erde und wir Menschen haben einen Grad der Entwicklung erreicht, der diese hohen Energien ermöglicht; und durch dieses Buch können wir diese Kraft der Liebe direkt erfahren, sie aufnehmen und in unser Energiesystem integrieren.

Eine neue, stärkere Ebene des menschlichen Zusammenseins ist erreicht und die Jesus Biografie II ist das Dokument dafür.

Jahn J Kassl
Die Jesus Biografie
Mein Leben auf Erden
Teil II
LICHTWELT
VERLAG

JAHN J KASSL

2026

OFFENBARUNGEN GOTTES

2026 räumt mit jedem Weltuntergangsszenario auf, nimmt uns jede Angst und befreit uns von allen irrigen Annahmen um die Zeit nach 2012. Dieses Buch bietet Einblicke in die Zeit, die jetzt kommt und ist somit von unschätzbarem Wert für uns Menschen, da es den Blick auf das "Goldene Zeitalter" einer erwachten Menschheit freigibt. Das Kommende ist absolut einmalig und es entsteht bereits. Der Wandel der menschlichen Gesellschaft und des Planeten sind nicht mehr zu übersehen. Die Ereignisse nehmen ihren Lauf und der erwachte Mensch kann ihr die tatsächliche Bedeutung abringen. Es ereignet sich: Diese Welt kehrt in das Licht zurück. "Die Offenbarungen Gottes" beschreiben diesen Weg bis in das Jahr 2026 und darüber hinaus.

Ein Buch aus dem Sein, für eine Menschheit, die in das Sein zurückkehrt.

117 Seiten, 13,6 x 20 cm, gebunden, ISBN 978-3-9502852-1-5
19 EUR inkl. MwSt. zzgl. Versand

Jahn J Kassl
2026
Offenbarungen Gottes
Manuskript für den Planeten Erde
LICHTWELT
VERLAG

JAHN J KASSL

LICHT II

Dieses Buch arbeitet mit ihnen! Es setzt Heilenergie frei und hat die Kraft, ihr Leben von Grund auf zu verwandeln. Das göttliche Licht wirkt und heilt. Wie befreie ich mich von Ängsten, was bedeuten Hoffnung und Glaube, wie ist mit Erwartung umzugehen, was ist ein Gebet? Sind Ehrgeiz und Sorge nützlich oder nur Ballast? Vom Sterben und Tod, von der Freude und der Sehnsucht nach unserer himmlischen Heimat; davon handelt dieses Buch. Während sie darin lesen, wirkt das göttliche Licht. Die Begleitung Gottes, die Nähe der Engel und Erzengel sowie die Anwesenheit der Aufgestiegenen Meister sind in jedem Moment erfahrbar. Ein Geschenk aus der Einheit allen Seins. Gegeben für alle Menschen dieser Erde.

171 Seiten, 12,6 x 20 cm, Leinen gebunden,
ISBN 978-3-9502852-0-8
22,40 EUR inkl. MwSt. zzgl. Versand

Jahn J Kassl
LICHT
II
LICHTWELT
VERLAG